阿德勒
指引我們幸福度過人生後半段

最高退休人生

定年をどう生きるか

《被討厭的勇氣》作者
きしみ いちろう
岸見一郎

葉小燕 譯

前言

迎接還曆之年（六十歲）前不久，我出席了一場高中同學會。會中，所有人都要說一段話。有人長篇大論，有人則是明明年紀相同，思想卻保守到令我吃驚的地步。也有人說起孩子或孫子的事，或是分享他自己做些什麼來解決代謝症候群的問題。而近年來一定會提到的，就是關於退休的話題。

如今這個人生不只五十年的時代，就算六十歲退休，可能都還得再活個二十年以上。如果以二十歲開始就業來算，也才不過四十年就退休，之後其實還有很長一段日子仍然是需要工作的。

我父親是在五十五歲退休。當我自己到了那個年紀時，非常訝異父親竟然如此年輕就退休了。雖說父親並不是到那個年紀就完全不上班工作了，在那之後，他還繼續工作了十年左右。但即便如此，我想父親仍然強烈意識到五十五歲這個年紀是人生的分水嶺。

往後，隨著平均壽命的延長，對於年老這件事的印象想必將不斷改變。同時我認為，關於退休的想法或人生規劃的方式也會隨之轉變。

關於退休，到這裡為止，我不過就是依照一般的想法開始下筆。其實大多數人要是確信自己將迎來幸福的老後生活，對退休後的日子沒有任何一丁點不安的話，退休這件事也不會像這樣成為話題吧？不論是誰，相信都總有那麼一天會無法再上班工作，然而為了對退休後的人生保有希望，關於退休這件事當然不用說，那些對人生普遍的、或是常識性的想法是有必要重新審視。

首先是所謂平均壽命這樣的說法，根本與我們「自己」毫無關聯。說毫無關聯，可能過分了點，但儘管平均壽命是可以作為我們之後還能活多久的一個大致性參考，卻不是每個人都一定能夠長壽，說不定也有短命的可能。能否長壽，誰也不知道。事實上，跟我同年的朋友之中有好幾位早已駕鶴西歸。每年例行的同學會上，都是先從為去年會後亡故的同學默禱開始。

近來有人生百歲時代的說法，但二〇一五年出版的書中寫著「常有人說人生八十年這句話」。當然，並不是短短幾年內我們就延長了二十年的壽命。但是在不斷聽到人生百歲時代的說法後，大多數人不免也認定了自己或許也會長命百歲。

我在五十歲的時候，因為心肌梗塞而病倒。如果當時我死了，大家就會認為我是早逝吧。諸如此類，即使年紀輕輕還是有可能因為生病或意外而喪命，那麼退休之後以長壽為前提去考量往後的人生路，甚至是安排「終活（譯注：臨終活動，為面對人生終點做準備）」等等事項，幾乎就不具什麼意義了吧。

不過，有人認為實際上還是有機會長壽，如果不事先做好準備，真的長命百歲的時候就頭痛了。

退休後的人生，是否就不同於過去的其他人生階段、或有何特別之處，那倒不見得必然如此。生活既非以退休為分界而出現急遽變化，也不是劃定某一天為界線而引退並從此不再做事了。

有人以二度就業的方式，退休後繼續在同一家公司服務，就國家政策面來說，也是朝著延後退休年齡的方向在推動。事實上，即使不再上班工作的那一天到來了，如果以廣義的方式去解釋工作這件事，其實沒有一個人不在工作。退休後的日子，也就與過去沒有任何不同，更不是一件特別的事。

我考大學的時候落榜，當過一年的重考生。進不了大學的我，覺得自己失去了依歸，曾經眺望窗外要去上學的國、高中生而深深嘆息。

想要歸屬於某個共同體，可以說是人類的基本需求。但是共同體並不只限於學校或公司。斯多葛學派的哲學家提出了人都是「世界公民」這樣的說法，認為人類歸屬於世界、甚至是宇宙。依照這樣的想法，沒有哪個人是沒有歸屬的。

話雖如此，應該有人會說年輕時的我所度過的重考生活與退休後的人生完全是兩回事吧。這是因為，他們認為退休後不像年輕時對今後的人生充滿希望，而且非得面對老去的事實不可。的確，因為人老了有愈來愈多事情沒辦法像年輕時那樣去做，似乎就有許多人認為，相較於人生的其他階段，老年是價值低落的。可是，並不是退休後就絕對無法抱持希望。

本書中，首先將探究為何退休會令人不安，接著再思考必須為退休做些什麼準備。說到退休後的準備，相信有很多人會想到金錢或健康吧。當然，這些都是生活上免除不了的重大問題。但不僅止於此而已，我們還必須要思考人類為何而活、要如何活著。

若要說本書與其他眾多論及退休議題的著作有何不同，那便是基於哲學為中心的主題探索與研究。

為此，書中將引用柏拉圖、馬可・奧里略（Marcus Aurelius）、三木清等等先人語錄。尤其出自於阿德勒思想的部分之多，是因為他在人際關係的樣貌方面提供了今日也能通用的觀點。

人生在世，理當無法獨自一人活著。退休後，人際關係的樣貌將有所改變。該如何去因應這樣的變化，可以從阿德勒那裡學到很多。

面對退休，縱然有許多事令人不安，但重要的部分在於與他人關係的重新建構，以及為此要改變對自己與他人的看法。至於如何改變，接下來會帶領各位去了解。如果能夠不同於過去，認知到如實保有自己現有的樣貌就好，人生必然看起來大不相同。

不論是此刻即將迎接退休生活，或是已經過著退休生活的您，若是因為閱讀本書而能夠如釋重負，抱持希望度過往後的人生，將使我感到無比欣慰。

目錄

第2章

退休需要做準備嗎？

第3章

重新審視工作的意義　97

第4章

與家人、社會的關係，你怎麼想？ 139

第5章

第6章

第 *1* 章

「退休」為何使人不安？

不只有金錢與健康使人不安

我父親生於昭和初期，任職於某公司從一而終。退休後雖談不上優游自得，但只要不去想著過什麼豪奢的生活，是還有足以餬口的年金可供他過日子。但如今這個年代，不是每個人都有充足的年金可用，很少有人不為錢感到煩憂的吧？

政府所揭示的「一億總活躍社會」這樣的口號，就出於自己的本意去工作和非工作不可這兩個層面去解釋，意義並不相同。推出「七十歲就業義務化」，看起來也不過是為了提高年金支付的年齡而已。

工作價值或生命意義這樣的東西要自己去尋找，不是任人以高姿態硬塞給你。如果要問是否只要生活無虞、退休後的日子過得去，對退休的煩惱就會消失，那倒也不是。只是想必有很多人在論及生命的意義之前，就已經因為錢的問題而卡關了。

除了要為只靠年金該如何活下去而感到不安之外，如果連眼前的生活都很拮据的話，思考所謂退休「後」如何幸福過日子這件事根本就是個難題。因為令人困擾的不是以後，而是「現在」。就此意義而言，金錢的問題是重要的。

但即便如此，問題應該不是只有金錢而已。對那些認定只要有錢就能幸福的人來說，一旦面臨退休後無法獲得充分收入的現實面時，退休後的人生就只會變得不幸而已。

即使是年輕的時候，錢也無法解決所有問題，是吧？如果認定不幸的原因是錢，自己現在是因為沒有錢才不幸的話，引用阿德勒的說法即是「自卑感」。那麼，就算是原本辦得到的事，也會認定自己之所以不幸是因為沒有錢而打從一開始便放棄挑戰。

當然，一旦被人問到：「沒有錢豈非什麼事都做不成嗎？」還真不容易找到什麼話來回應。然而，這正是自卑感的陷阱。

此外，隨著年紀漸長，也不得不開始操心健康方面的事。我父親退休後離開京都一個人過日子的時候，常常打電話給我。他總是訴說對健康的不安，話題完全就繞著去看醫生、被診斷出得了什麼病、拿了哪些藥，甚至偶爾和主治醫師吵架之類的事打轉。如果住得近，有狀況我還可以陪他去看病，但相隔兩地，就連這件事也辦不到了。

身體狀況和金錢一樣，對退休後的人生來說是大問題。就算是年輕的時候，有些人說不定早已經歷過身強體健時所勾勒出來的計畫卻因為病痛在一夕之間瓦解的狀況。

我母親曾經說過，等孩子都長大了，要和我父親兩個人去旅行。但是她在四十九歲就因為腦中風而病倒，無法實現她的計畫。在那當時，我其實早就已經「長大」了，我認為她只要想去旅行便儘管去就是了，究竟母親心裡還有什麼其他的想法呢？她似乎完全沒有想到過，那樣的計畫會因為生病而無法實現。

如果是年輕的時候，即使生了病也能迅速康復，立刻回到原來的生活軌道。有一次，曾經在網路上看到一則廣告讓我很驚訝。上面說，週末住院接受心導管手術，週一就能去上班了。

如同前面所提，由於我曾經在五十歲因為心肌梗塞病倒，我認為要在手術過後隔週的星期一就若無其事去上班，是非常困難的事。

因此當我見到這則廣告時，心想真有人認為只要手術順利的話，就能回復到生病之前那樣而不必改變工作方式，感到很驚訝。當然也有些人是萬不得已。像是工作的地方不允許長期休假的話，即使想在家休養，可能也沒辦法。

以我來說，心肌梗塞而住院的當時，就曾經向原來以兼任講師身分任教的學校報告過，我只要休息一個月就能回去繼續授課。但結果沒能如願，他們立即將我解聘了。對校方而言，想必是因為無法等候這種一整個月都沒辦法來授課的講師吧。當你不是專職員工，又或者從事自由業的話，一旦生了病就會丟掉工作。當然，這樣的狀況理當不是好事。

由於可能發生這樣的事，所以就算有人對公司隱瞞自己的病情也不奇怪。某位作家就是在知道自己罹癌之後，隱瞞了出版社。因為他不想被視為一個「完蛋的人」。

我自己也一樣，在住院當中拿到了出版社的校對稿。那是我住院之前花了很長一段時間寫的稿。儘管當時應該立即與編輯聯絡才好，但是我沒有告訴對方自己生病的事，打算依照原來的校對截稿時間完成。現在的我卻認為，如果說出因病住院的事，對方應該會讓我延後交稿。只不過當時的我心想，要是真那麼說了，那家出版社恐怕不會再向我邀稿了吧。

兼任講師的職位，是可以找到他人來代替。但是出版社總不可能因為我病了，就找別人來寫這同一本書。現在想想，既然這本書稿的撰寫非我莫屬，當時其實可以再強勢一點。所以住院當時的我，心境上是軟弱到連這一點都辦不到的。

再回到前面那段週末住院開刀、週一就去上班的話題，會選擇這種做法的人，想必就是會對他人隱瞞生病與住院開刀的事吧。一般在公司任職的人，請假接受治療原本就不容易了，回到工作崗位上，每天處在精神緊繃的環境下更是辛苦。

回想起住院當時，曾經有一位護理師對我說：「有不少人覺得撿回了一條命就好，你還年輕，帶著重活一次的心情好好加油！」即使治好了病，如果只是覺得撿回一條命太好了，或是太幸運了，完全不改變原來的生活與工作方式，是有可能再度出現同樣的狀況。

總而言之，年輕人很可能就連攸關性命的大病都當成是傷風感冒來看待，一旦有把年紀以後，可就沒辦法那麼悠哉了。

所以健康方面也如同金錢。必須要知道，並不是有了健康就能夠幸福過日子。相反地，也不會因為生病了，或即使沒病卻因為無法再像年輕時那樣活得毫無拘束，就覺得無法過得幸福。

關於金錢與健康，我們雖然要慎重以對，但**退休後的不安，並不是只來自於金錢與健康**方面。甚至可以說，應該還有其他凌駕於金錢與健康之上的重大問題必須要考量。

退休就生病的人

有人退休後一離開職場就明顯衰老，身體跟著出狀況。

其中可以想見的一個因素，是生活規律的重大轉變。因為退休之後，不用再過著必須在固定時間起床、搭電車去上班的日子。睡到自然醒，也只有家人會發牢騷，如果連家人的叨唸都擺脫了，就能依自己的想法度過一整天。

問題是，依自己的想法度過一整天明明應該行得通，卻也可以說是行不通的。要擺脫家人的叨唸並不容易，即使不被叨唸，也會有無言的壓力。再來，就算家人什麼都不說，也有人是無法接受自己過著不受任何束縛，自由自在生活的日子吧。

有項統計說，退休後的「自由」時間比退休前的勞動時間還要長。也有人會覺得，這種必須自己決定如何度過每一天的狀況，與其說是自由，更像是懲罰。

此外，人際關係也會起變化。因為一退休，很多工作上的來往與聯繫都會消失。取而代之的其他新關係若難以建立，將成為重大的問題。見到左鄰右舍必須打招呼之外，還得要寒暄一番，這種時候還真不知道該怎麼說或聊些什麼。

即使不踏出家門，與太太之間的新關係也會展開。退休前，時間一到就出門上班不在家的人，一旦變為多數時間都要在家度過的狀況，必然會給自己與配偶的關係帶來一些影響。

「因為退休待在家裡，太太卻開始想要操控我。我該怎麼辦？」曾經有人找我諮商這樣的問題。其實太太那一方也會有些困惑吧。因為太太也不知道該如何與待在家裡的丈夫相處。太太還想繼續過著一如往常的生活，現在卻變得有些困難。比方說，有些人想要出門去走走，結果丈夫也打算跟著來，實在頭痛。或是原本自己一個人在家，午餐可以儘管吃些自己喜歡的東西，現在卻變得必須一一詢問丈夫想吃些什麼才行。

像這樣，原本退休前白天都不在家的丈夫，一旦變成從早到晚都在的時候，可能會讓她感覺自己的人生遭人闖入，過去享受的自由受到了侵犯。

說不定是因為想到自己要是對丈夫百依百順，迎合他去過日子的話，就沒辦法過自己的人生，才會試圖鉅細靡遺地指揮管控丈夫的生活方式。

至於丈夫方面，應該也不會順著太太，可能有所反彈，甚至一見到孩子就想先訓他們一頓再說。

感覺自己有可以安身的地方，歸屬感可以說是人類的基本需求。但是我認為，似乎有很多人並不知道該如何才能獲得這樣的歸屬感。如果試圖用令人討厭、憎惡的方式在家中為自己找到一席之地，終將成為家人敬而遠之的對象。關於這件事，我們逐步來探討一下。

首先，一旦面臨了退休，加上諸如此類的人際關係變化後，會產生更重大的問題。退休後之所以身體健康會出狀況，最大的原因是認定自己已經沒有存活價值的想法。在一個將職權高低視為人類身分價值高低的社會裡，**一旦退休離開了工作崗位，便有人無法再認定自己是有價值的。**

所以說，長年任職於公司的人，由第一線退出的同時會突然衰老。明明打算今後過著悠然自得的老年生活，將工作機會讓給後生晚輩，一旦沒事可做的時候，卻開始覺得自己已經不被任何人需要。與過去活躍於工作第一線時不同，如今不再有當時的緊繃感，因為每天過著無所事事的生活而有罪惡感。一直以來，天天在工作上鞠躬盡瘁的他們，難以接受這種什麼也不做的現實生活。

但是所謂的什麼也不做，指的是不再為賺錢而工作，要是**認為不工作就意味著什麼也不做，可就太過輕率了**。究竟該抱持怎麼樣的想法，我們接著來看看。

關於衰老

前面雖然提到過，退休後便要面臨老年的到來，但近年來，能夠將退休與老年問題劃分來思考，也是事實。

如果是我父母那個年代，平均壽命不像現在這麼長，五十五歲迎接退休之後又活很久的人很少。然而現在，退休後的人生還長，身體也都健朗，因此不會有所謂退休就是老了的這種說法。

當自己與身邊的人都還健壯，認為不同於父母當年退休的時候而對自己的身體狀況過度有自信時，會因此產生一些問題。對於自己辦不到的事有自知之明的話還好，問題就在於實際上做不到卻誤以為自己還行。

開車就是一個例子。意識到自己開車沒辦法像過去年輕時那樣的人，會開得很謹慎，但自認為不輸給年輕人而沒有察覺到其實已經不比從前的人，就很危險。儘管家人都希望他們可以在釀成事故之前，盡早繳回駕照，他們卻充耳不聞。因為這些人不願意承認自己的衰老。

不過，要是有過差點造成危險事故的經驗，感受過身體甚至是心靈上的衰退，便會認為往後的人生恐怕日子不多了。就算退休後依然繼續做些什麼樣的工作，卻不再像年輕時那樣充滿熱情了。

所以他們退休後在思考要做些什麼或能做些什麼的時候會很慎重。即使不至於完全不做任何工作，可是當工作的狀況不像過去那樣時，就會認為往後的日子只剩下疾病和老化，最後就是等死，只覺得人生已經在走下坡。

會這麼想，是因為認定年老之後的價值不如年輕時。不過，即使年老是在走下坡，但是以負面否定的觀點去看待，卻是個問題。**因為不必再像過去的人生那樣辛苦地往上爬，今後有如雙腳離開自行車踏板順著坡道向下滑，如果可以這麼想的話，反倒是老年的日子比較快活。**

另一方面，之所以持這樣的看法，也可以說是因為認定過去的人生並不輕鬆、是辛苦的，所以有此負面的解釋。

反過來說，對那些認為辛勞才是自己生命食糧的人而言，退休後無法像過去那樣勤奮工作，這樣的人生反而更難熬也說不定。

不論哪一方的看法，前提都是將退休生活視為與人生其他階段不同而特別的一段時間。其實未必非得如此認定不可。可能有很多人在意自己的頭髮日漸稀疏，但並不是第幾億根頭髮掉了之後才變成禿頭。沒有所謂第幾根掉了才算的這種明確的界線，而是不知不覺間就成了禿頭。

退休也一樣，即使有幾月幾日這種日期的起始點，卻並非從那天開始就什麼都做不了。即使有哪些事沒辦法再做了，也不是以退休為界線來劃分的。

此外，**退休之前與之後並沒有價值上的優劣之分**。舉例來說，就像冬天不會比不上其他的季節。冬天有冬天的好處，是沒辦法拿來與其他季節的優點做比較的。

事實上，就算相較於過去年輕時，做不到的事情愈來愈多，但也只能想著該如何運用自己現在所擁有的。雖然有些事沒辦法再做了，但那不意味著比年輕時衰退，還是可以用其他不同於年輕時的形式去發揮自己的能力。

前面提到過所謂心靈上的衰退，到底是哪些事情衰退了？即使記憶力多少會變弱，但其實既不是真的忘掉了很多東西，也不是說具備多少知識就算聰明。

人，原本就不是因為歲數增加了就會變聰明。常常有些人，年輕時儘管在半強迫下用功讀書，再難的書還是能夠把它給讀通，但工作之後卻只會看看雜誌之類的東西。現在面臨了退休，總不能像過去那樣以自己沒時間讀書為藉口吧？不讀書的人，就算有足夠的時間也不會去讀。

剛剛說到記憶力變弱，同樣很難斷定是否果真如此。問題其實在於認定自己做不到。比方說，有很多人以自己沒有年輕當時的記憶力啦、或是已經沒辦法像從前那麼拚之類的說法為由，不再挑戰新事物。其實只要跟學生時代差不多一樣認真努力的話，大多數事情應該都會表現得超乎預期。即使是年輕人，只要不努力便無法成就任何事。不會因為年紀大了，就沒辦法像過去年輕時那樣努力奮發。

要問到為什麼不肯努力的話，是因為害怕看到結果。因為只要不去挑戰任何新事物，就不必面對得不到好結果的現實面。

上了年紀後不願迎接挑戰的人，想必不是現在才這樣，年輕時的他們應該也是為了害怕看到不好的結果而試圖找出不去挑戰的理由。

退休後的煩惱真相？

在我看來，在公司工作的人看起來就像那些與社會沒有接觸的繭居族。究竟兩者之間有哪些相似點？我們來想想看。

工作的人，當然會與他人有所關聯，但這些關聯都在限定範圍內。

繭居族害怕外出。如同大多數人所經歷過的，人際關係很麻煩，只要與人有瓜葛就會產生摩擦。會惹人討厭、遭到憎恨、背叛或受傷。類似因為在學校遭到霸凌並以此為由而不去上學的狀況，我們只要想想人際關係的麻煩程度，便能理解這樣的結果其實是理所當然。

阿德勒總不忘記提到這樣的情形，並表示「所有煩惱都是人際關係的煩惱」。

應該有很多人可以體會那些拒絕上學或是繭居族因為害怕人際關係而不願外出的心情。工作雖然有趣，但是與上司或同事相處不融洽而不想去上班的人想必也不少。

罹患憂鬱症的人也很多，大多數都牽涉到人際關係的問題，而且應該都是在發病之前早就不對勁了。相較於身體狀況，心理上的問題更嚴重。

目前就我的經驗來說，男性來尋求諮商的人並不多。男性之中，或許有很多人會覺得「為什麼我非聽你的不可」。由於他們不認為向人示弱是一件好事，所以不會說出自己的煩惱，總是一忍再忍。

但是，這麼忍著實在太辛苦，終於有一天他打電話到公司說：「早上起床發現身體完全動不了。」接受醫師診療後，判定是憂鬱症。

如果這樣的人可以更早進行諮商，接受精神科醫師的診治，將心情上的不適對身邊某人傾訴的話，說不定可以免於罹患憂鬱症。這些人接受醫師診斷而離職後，就不太外出了。

「因為在職場上的人際關係吃了苦頭，所以離職」如果可以這麼想的話就好了，但事情卻沒有那麼簡單。職場上的人際關係雖然有時候很麻煩，也會讓人有不愉快的經驗，但另一方面，倒也不是每個人都會因此而生病，甚至再也沒辦法去上班。

把自己關在家裡，並不是因為害怕外面的世界。我曾經諮商過因為憂鬱症而離職的上班族、不願上學或繭居的年輕人。他（她）們之所以不外出，是因為只要待在家裡就能過著有家人守護的生活。

儘管也有人說想回學校、想去工作，但是當我對他表示，既然如此就回學校（公司）的時候，得到的回答卻是「雖然想回去公司，但是因為我生病了所以沒辦法回去」。

阿德勒所說的自卑情結——「因為（或因為不是）A，所以沒辦法做B」這樣的理論，在日常生活中常被用到。以這裡的例子來說，B指的便是去公司上班。沒辦法做B這件事，必須要有個理由，那就是A。而這個A，就是當其他人問起，或是為了讓自己覺得都是因為這樣才無能為力時所要提出的解釋。

沒辦法去工作的人，會說自己雖然想要去公司，但是因為憂鬱症所以去不了。任誰都沒辦法命令一個得了憂鬱症的人去上班。

不同於這樣的例子，有些人則是在過於惡劣的工作環境下被迫勞動而得了心病。對於這樣的人，我總是期盼他們可以早日康復，振作起來。

雖然此處所寫有關心病的問題，並不是這段內容的主軸，但真要說到不想去工作時該怎麼辦，那就是在得病之前先下定決心停下工作。

而且在此步驟之前，還有一些事可以先去做。當公司要求的工作條件就是自己過勞的原因時，要向公司提出訴求請求改善。這件事，應該會需要一些同伴吧。

以現實狀況來說或許有點難，但即使要辭去現在的工作，也非得將今後該怎麼辦列入考量不可。我認為，人並不是為了工作而生存，不可以對一家公司有過度的依賴。當工作既難熬又辛苦的時候，知道有後路可逃是很重要的。一心認定不能辭去工作的人，已然落入黑心企業的邏輯窠臼中。

我年輕時，就曾經因為無法辭去醫院的工作而感到煎熬。當時自己覺得好不容易可以成為正職人員，實在不該輕言放棄。

於是我開始生病。後來連精密檢查都做過了，依然診斷不出病因是什麼。我自己在醫院裡擔任的是諮商師工作，為我診治的醫生卻告訴我最好去尋求諮商。

由於定不了病名，就無法以生病為由離職。辭不掉工作的我，接著又受了重傷，三個星期後才完全康復。這下子，終於讓我下定決心要離職。回頭想想，既不用生病、也不必受傷，其實只要說一句：「我想辭職。」就可以了。

實際在工作的不是旁人而是自己，當工作很難熬的時侯，明明只要自己決定是否繼續做下去就行，卻非得要找出生病或是受傷之類的非辭不可的理由，這其實都是為了想逃避自己做決定這件事。

再回到上班族與繭居族之間究竟有哪些相似點的話題上。待在家裡的話，父母會強力催促孩子「快點回學校」或「趕快去工作」，於是孩子會受到父母、家人的關注。這正是他們繭居的目的。

如果回到學校，會發生什麼事呢？會發生他（她）們害怕的事，也就是不受任何人關注。在公司工作的人也一樣。

我父親過去工作的公司就像一家人。即使放年假，大家也會到公司去拜年寒暄一下。還有運動會，也是家人共同參與。現在這樣的公司或許變少了，但對於上班族來說，公司同樣扮演著守護他們的角色。

雖然不知道守護這樣的說法是否恰當，如果是從事自由業的人應該立刻就會明白，原本任職於公司時，由公司負責安排的許多事情，他們都必須自己處理。要自己報稅，自己到醫療院所接受健康檢查。退休後離開公司，公司就不再幫你做任何事了。

不過，真正令人害怕的是其他部分。也就是**一旦不隸屬於公司這樣的組織時，便再也得不到任何人的關注**。如同上班族一樣，繭居族也害怕得不到他人關注，為了使自己獲得特別的關切，所以不願意由守護自己的家庭踏出半步。

退休離職的人，不會再有人叫他的名字。也不會有人以過去的頭銜或尊稱來稱呼他。

有些人在退休之前很難想像一旦不受他人關注會是什麼樣的狀況。如果是在職期間曾因病住院的人，應該就可以透過住院時根本無所謂職稱頭銜的差異，自己就只是一個病患的經驗，想像得到退休後的人生將會如何吧。

其實就算失去了歸屬，單純以個人的身分、以一個卸下面具活在這世上的人來說，人生中並不全然是可怕的事。因為你可以選擇與過去完全不同的生活方式。只是，為此必須先從了解自己長期以來所秉持的價值觀並非理所當然開始。關於這部分，我們來逐步探討一下。

縱向關係、上下關係並不管用

我長年研究奧地利心理學家，同時也是精神科醫師——阿爾弗雷德．阿德勒的思想。以日本年號來說，生於明治時期的阿德勒，他的思想遠超出時代的程度令人不得不為之震驚。

尤其是他視**一切人際關係皆為對等**的論點，值得世人矚目。今天或許有許多人認為這是理所當然，但實際上，就真正的意義而言，這樣的對等關係尚未實現。

關於男女的問題，如今會公然表示男尊女卑的人也許變少了，但是在認知方面，不得不說還有進步的空間。

聽到醫學院入學考試為了讓男學生容易錄取而經過特殊安排的說法，已經讓我感到無言，在得知有醫師臉不紅氣不喘地表示：「雖然遺憾，卻是事實。」更讓我震驚。只能說這樣的做法除了暴露出男性承認女性比較優秀、要是真正公平競爭恐怕會輸的危機意識與自卑感之外，毫無意義。入學考試的分數因為性別差異而有所不同，這件事並不是嘴巴上說著現實就是如此就能罷休的。一旦說出現實就是如此這種話，就沒辦法再討論下去了。因為現狀就是如此，如果不認為這樣是不對的話，根本無法改變現狀。

還有，原本公司裡的職責差異並不代表個人的價值高低，但有人會誤以為職位較高就比較了不起。曾經有人找我商量，因為升官了，是不是現在開始要改變與人對話的遣詞用字？往後該怎麼與下屬互動比較好等等。對這些因為今後是否非得用上對下的方式與人說話才行而感到困惑的人，我必須跟他們說，一切照舊就行了。

職場裡會出現有此想法的人，一定是因為沒遇過足以成為好榜樣的上司吧。我不認為有人喜歡在人際關係中屈居下位，早在進公司前就已經以上下位階來看待人際關係的人，當自己居於下位時雖然只能忍耐，但有朝一日升官了，不用說，對下屬說話的口氣，甚至態度都會截然不同。

恐怕這些人是因為除了上對下的人際關係之外一無所知，才一心以為理當如此。

現在依然有許多人把小孩的地位看得比大人還低下。如果以對等的態度看待孩子，大人應該就不會不分青紅皂白嚴厲斥責孩子了吧？即使是那些試圖去理解，在嘴巴上說著對等的人，我們只要看他的行動，便能明白他其實並沒有以對等的態度看待孩子。

有些大人雖然沒有對孩子嚴加斥責，卻會阻擋孩子的人生去路，這同樣不是以對等的態度看待孩子。父母既無法決定孩子的人生，也沒辦法代替孩子度過他們的人生。要活出什麼樣的人生，不是父母的課題，而是孩子的課題。換句話說，孩子只能自己為人生做選擇，不論這樣的選擇帶來什麼樣的結果，只會落在孩子身上，也只能由他自己去承擔責任。

當然，並不是說因為這樣，父母就完全不可以對孩子的人生提出自己的想法。只是即便在那樣的場合裡，父母仍然不能滿腳泥濘地踏入孩子的課題，不能不分青紅皂白便嚴厲斥責他，試圖左右孩子的心意。

知識或經驗不足的孩子，是有可能選擇錯誤。但就算孩子發現到自己的選擇有誤，或是事後才明白自己真正想做的是什麼，以及原來父母當初所說的才是正解等等，如果親子之間的關係不和睦，即使父母的主張才正確，或者正因為是正確的，反而讓孩子更想要反抗。這種時候，通常父母都會說：「被我說中了吧。」然而孩子要是為了反抗父母而無法在察覺到選擇錯誤時去改變方向，對他來說，應該是一件不幸的事。父母要給予孩子隨時都能改變決定的空間，絕對不可以將他逼進死胡同。

說不定父母自己也曾經有過相同的經歷。如果是這樣，就不要對孩子說出自己當年不想由父母那裡聽到的話。必須要改變父母滿腳泥濘踏入孩子課題並引起孩子反彈的這種關係樣貌。

雖說是親子，當然也會有意見相左的時候。此時如果父母以對等態度看待孩子，應該就不會嚴厲斥責他，而是用耐性勸說的方式。至於孩子方面，並不是一定非得接受父母的想法不可。

當孩子表示不要上大學，或是提出國中畢業就要去工作等等超出父母可理解範圍的想法時，有些父母會以一種彷彿通情達理似的態度表明：「要做什麼都行，因為是你自己的人生。不過請你自己會賺錢了再說。」言下之意其實就是要強迫孩子改變方向。我覺得，這些人當年還是孩子的時候或許也曾經聽自己的父母這麼說過，可是一旦當了爸媽，好像就全都忘得一乾二淨了。

會說這種話的父母，認為撫養家人的自己比孩子還要了不起。可是，父母既不是因為撫養家人就比較偉大，孩子也不是因為父母幫自己出了學費就凡事都必須遵照父母的想法。

由於孩子與父母處於對等的立場，必要的時候，同樣要不厭其煩地以言詞去說服父母。另一方面，父母也不該因為反對孩子決定前進的方向而完全斷絕經濟上的協助。

孩子因為自己還沒辦法賺取生活費就非得遵照父母的決定，是很奇怪的吧？因為孩子現階段還需要用功讀書，就算想去工作也辦不到。以賺不了錢為由而貶低孩子，並不是正確的做法。你就算告訴孩子：「等到自己會賺錢了，想做什麼都行。」還是學生身分的他是沒辦法去工作的。

當家中原本以經濟上的優勢（自認為）高高在上的人退休離職後，問題就會浮上檯面。一直以來，認定因為是自己在工作撫養家人所以地位較高的人，面臨退休後，也許是收入沒了、變少了，或是了解到過去在公司（自認為）行得通的縱向關係、上下關係已經不管用的時候，會覺得自己沒有存在的理由與價值。強勢的人，就某種層面來說也許不會有問題（雖然可能給身邊的人添很多麻煩），但有些人退出第一線之後就急速衰老。工作這件事對自己的人生有如此重大意義的人，尤其要注意。我們當然不會因為沒有工作就失去了活下去的理由，但他們卻會這麼想。

這種人要是聽到家人對他說：「如果你自己可以賺錢的話，愛怎麼樣都行。」一定會很生氣，是吧？假使他察覺到自己過去對家人所說的有多麼不合理而能夠改變想法的話，即使退休後，相信一樣可以在家中感受到自己有立足之地。

為了不成為那樣的人，早在退休之前就必須知道以上下位階去看待人際關係是錯誤的。為此，必須了解非縱向的人際關係究竟是怎麼一回事。只不過對這些不明所以的人來說，即使告訴他們過去的那種人際關係模式不管用，必須要改變才行，他們在心理上可能還是會極度抗拒。對於不明瞭的事物，他們會感到不安，說不定還會覺得既得利益遭到了剝奪似的。

先下個結論的話，也就是**退休後改變的只有自己在家中扮演的「角色」，即使無法像現在這樣去工作，也不會因此而喪失自我價值**。對於過去在家中位居經濟優勢的人來說，能夠認定自我有價值的方法之一，就是必須由完全不同於過去的領域中找出自己的價值所在。至於那是什麼，便是我們接下來要談的內容。

不再特別

所謂的老師，不過就是在學校裡扮演的角色名稱而已，但是從年輕時就一直被稱為老師的學校教師當中，有些人看來都誤認為自己是很了不起的。

公司裡的職稱也一樣。原本應該只在公司裡才用得到的職稱，似乎有些人誤以為在公司外部也通用。

退休後，過去工作的職稱就不管用了。其實原本退休前在公司外部應該也是不管用，只是我們都沒有察覺到罷了。近年來比較多機會到各企業單位去演講，所以交換名片的次數也跟著多了起來。我不曾拿到過上面沒有標註服務單位或職稱的名片，但是卻有人因為我的名片上只印著姓名和聯絡方式而感到驚訝。

進行心理諮商時會先從詢問對方的姓名開始，即使是年輕人，也會有人在說完自己的姓名後接著說出所屬的公司名稱。我對此有些訝異，難道只說姓名的人反而比較奇怪嗎？

對於要了解初次見面的人是何等人物來說，所屬單位會是一項容易認知理解的資訊。或許就如同有些人在買書的時候會先看看作者簡介一樣吧？

這讓我回想起當初自己翻譯的書籍頭一次出版時，編輯曾經極力強調因為我沒有名氣，如果沒有共同譯者的話是行不通的。

第一次出版著作的時候也一樣，對方告訴我需要頭銜。當時我提議用授課的大學名稱——××大學兼任講師，卻遭到駁回。於是我又提出了哲學家這個建議，原本心想也許不會過關，結果竟出乎意料獲得贊同。想當然耳，這個稱謂不算是所屬單位，但是知道自己活在一個需要頭銜的社會裡，的確很驚訝。從那之後，哲學家便成為我的頭銜。說起來，它原本的意思是「愛智之人」，但是一般卻不見得都知道。

來尋求諮商的人當中，也有人在自我介紹的時候就像朗讀履歷表一樣。其實我希望他們介紹的不是學經歷，而是對什麼事物有興趣、讀什麼樣的書或聽些什麼音樂之類的事。不過，相信有很多人認為這些內容不是拿來當作自我介紹用的吧。

一輩子都習慣以所屬單位或頭銜來述說自己的人，非常難以接受退休後只是人家眼中普通的「阿伯」。

以前面所提到的上下關係來說，初次見面會詢問人家學歷或職位的人，其實就是想要搞清楚自己和對方的身分地位誰高誰低。

當然也有人是成了普通的「大嬸」。以女性來說，對退休這件事的態度似乎與男性不同。即使是一直有工作的人，大多數女性都是打從年輕時開始便同時處理家務與養育子女，也會與鄰居、親戚交流互動。儘管男性並不是完全不管家事與養兒育女，或完全不和鄰居親友來往，但應該有不少人與他人的互動是相當有限的。

於是，女性退休離職後不過就是少了職場上的人際關係，除此之外的關係幾乎與過去工作時沒什麼太大不同。雖然孩子可能已經獨立，但是家事的部分通常不會因為不再上班了就什麼也不做。換句話說，除了工作之外，退休後並沒有什麼顯著的改變。

相對於此，專心在公司事務上的男性，退休後幾乎是失去了一直以來的生活與世界，而且退休前的那些社會地位不再具任何意義。甚至也有人認為，離開了公司，在心理上的感受就如同死亡一般。

當然，不是所有男性都會有那樣的感受。退休前就已經在做家事、與鄰居交流互動的人，退休後應該也不會感覺到有極大的變化吧。

第 *2* 章

退休需要做準備嗎？

為退休做的準備是什麼？

只要釐清了「不安」的真相，不用等到退休就知道現在開始該做些什麼。

不去想現在不必思考的事、只想眼前非思考不可的事，這就是為退休所做的準備。這部分與之後在第5章要進行探討的「如何看待人生」也有關聯。

即使沒有任何準備就踏上退休生活，也不會因此非得去面對一些什麼多困難的事。只是因為在想法上必須大幅度轉變，要改變自己習慣已久的思考方式需要勇氣。

突然會提到「勇氣」，是因為當我們嘗試用不同於過去的想法或生活方式時，那種無法預測下一瞬間將發生什麼事的不安將隨之而來。大多數人即使知道目前為止的想法與生活方式是不方便、不自由的，還是執著於自己所習慣的一切。

先以結論來說，**由於我們活在「此時此刻」**，**現在去想未來的事也沒有意義**。與其說沒有意義，應該是說現在去思考未來的事也無法做些什麼。因為未來並非「還未到來」而是「不存在」。會發生的事就會發生，不會發生的事便不會發生。有些事我們辦得到，有些則辦不到。

由於大多數的事，我們「此時此刻」無法對它做些什麼，對於無能為力的事，不必去想著要做些什麼。

針對「退休是否必須做準備？」的提問，我們要做的準備**不是為了未來，而是「為了現在」**。

眼前的生活方針就是「不去思考未來的事」。由於不安是源自於對未來的一種感受，只要拋下未來，就能擺脫不安的感受。退休後將如何是未來的事，我們無從思考。如果現在有哪些可以思考的事，那不會是關於未來，而是「現在」要做的準備。又或者可以這麼說，改變不了現在的話，也改變不了未來。

由於現在想著要做準備這件事，所以把未來當成了問題的軸心，其實過去種種也會阻礙我們去做能做的事。要改變現在，就必須放下過去。即使是過去人生數十年以來的價值觀，都可以在此時此刻拋下。這種時候當然也需要勇氣。

說到要改變些什麼的話，其實就是對人際關係的樣貌與自我價值的想法。這些並不需要等到退休之後，是「現在」就可以做的準備。

具體來說，首先是**不以生產力來評斷人類的價值**。必須要知道，生命本身就有其價值所在。**即使你曾經認為有能力做些什麼才具備價值，但如果往後的日子裡不改變這樣的想法，不久之後，有許多事因為年紀漸長、生病而慢慢地（或是突然之間）做不到了，自己應該會感到難以接受吧**。

其次，是擺脫上下、縱向的關係，改為橫向關係。只不過向來只知道上下、縱向關係的人，並不容易了解那到底是怎麼一回事。對於從不曾考慮過橫向、對等關係的人來說，其實也不會知道現在自己與他人之間建構的關係就是縱向的上下關係。

從現在起，必須想想這到底是怎麼一回事，只要明白了，退休後的人生應該也不會那麼艱難吧。

前面所說的準備，退休之前可以達成的話最好，不過即使是退休後，仍然可以改變想法。面臨退休之前，現在開始就可以做練習了。

改變多年以來的想法之所以不容易，是源自於一旦改變了就不知將發生何事的那種不安。此外，當新的想法異於一般常識或大眾普遍的想法時，大多數人對於這樣的改變會心生抗拒。

然而這樣的想法或許有別於常識，但只要接受了它，你的人生必然看起來大不相同，生活方式也必須隨之改變。**需要的，就是踏出第一步的勇氣。**

對上班族而言的退休

如同前面所說，歸屬感是人類的基本需求。只要任職於公司，就會覺得那是自己可以停留，有立足之地的處所。長年隸屬於公司這樣的組織，對於退休後將失去歸屬總會感到不安。

總之，如果去公司上班是既定行程的話，今天就不必為了要不要去哪裡而傷腦筋。因為除非生病或有其他特別的事，否則不會有不上班這個選項。

我經常對家中有孩子拒絕上學的父母說，相較於那些毫不疑惑，身體自動往學校走去的孩子來說，現在不到學校去的他們，對於讀書還有人生的意義其實思考得比其他人更深入一些。

大人也一樣，有些事已經成為長久以來的習慣，對於像是人為了什麼而工作、為什麼任職於這家公司等等，通常不會去思考吧。

然而一個從未思考過那些事的人，一旦面臨了退休就會感覺像是突然被拋到半空中似的，不知所措。對於所謂的什麼都可以去做，還有就此意義來說的自由等等，也有人認為這種連每天如何過日子都必須要思考的狀況是很痛苦的。

不論喜不喜歡這份工作，總之只要去到公司就會有一些共事的夥伴。一旦退休後不再需要通勤上班，這些曾經從早到晚一起工作的人立刻便感覺到孤單。

我現在完全就是待在家裡寫稿。一個人寫著稿子時，不會有人催促我去工作，也不會有人建議我差不多該休息了。

過去我在精神科醫院工作時，有上司也有同事。雖然工作量龐大，卻能夠在一種與大家共享空間、時間的感覺下工作。

工作期間即使偶有空檔，像是諮商個案與個案之間的休息時段，也不會讓人覺得那段時間不算在工作。

但是自己一個人工作的話，如果沒有寫稿、讀書，什麼事也沒做的話，立刻就會覺得自己這樣是不是在偷懶。說起來，像我這種寫稿的工作，並不是一整天就坐在那裡敲鍵盤。過程中我會讀讀書、思考一些事情，這種時候在旁人看來，似乎我什麼也沒做，但其實我的心念一直在轉動。不過這副模樣要是在公司裡讓上司看見了，可能會覺得我無所事事。

其他人如何，我們無從置喙，但只要自己無法接受這種無所事事的狀況，就不算是在工作。即使不認為自己在偷懶，但只要是一個人工作，便感覺到這種什麼也沒做的時間不該拖得太長。如果是與他人共事，可能就不是那麼在意了。

一旦離開了公司，非得自己決定要做些什麼不可的時間將日復一日。早上幾點起床，起床後要做些什麼，全都得自己決定才行。過去通勤上班很辛苦，如今不用再動腦筋想著那些事，也可以算是輕鬆了。

所以，認為沒做些什麼就是在偷懶的人，**必須擺脫這種非得要做些什麼才行的想法**。要切換為不以生產力評斷人類價值的觀念。

若要再指出一點，過去在公司上班的時候，不必自己決定要做些什麼，應該有些人相當習慣這樣的模式了。但是我認為，如果不能依自己的意思去進行工作的話，豈非毫無工作價值了嗎？只按照上司或公司指示去工作的話，就不必擔負責任吧？事實上，遵照指示的話，應該還是要為遵從命令這件事而負責。退休後，覺得必須為自己做決定是麻煩事的人，可以說他在退休之前應該也不曾對公司的慣例有過任何質疑。

我下定決心離開職場的原因之一，是上司命令我結束掉手中一個正在進行諮商的個案。當時我想，一個連諮商師都無法自己決定諮商個案持續進行與否的職場，實在讓人待不下去。

無論什麼樣的工作場合，如果對自己的工作完全沒有裁決權的話，將使人失去鬥志。長年從事教育工作的朋友就曾經跟我這麼說，不論上司如何操控，進到教室教學生的時候可以把上司拋諸腦後自由上課的感覺真好。

退休後可以自己決定怎麼過日子，原本應該是件值得開心的事。

在工作之外找不到人生價值的人

自己一個人會感到孤單，不單只是因為不再工作的關係。如果只是因為那樣的話，照理說，退休後應該大家都會覺得孤單。然而並非所有人都有那樣的感覺。

會如此感覺的原因之一，是一直以來的生活方式都是把工作當成人生的全部。當然，確實有人覺得工作是一件快樂的事，感覺工作讓人生有價值，這些都不成問題。

不過當「唯有」工作才是人生價值所在的時候，可就是個問題了。嚴格來說，將公司的工作當成唯一的人生價值所在，就是問題。因為如此一來，一旦沒了工作就會失去人生價值。

除了公司內的人際關係之外，我們還有與朋友或家人之間的關係。阿德勒採用「人生的和諧」這種說法，這樣的和諧如果沒有達成，只有工作的課題特別突出的話，難免將成為有如工作狂似的生活方式。

那樣的人，其實只是**將工作繁忙當成不要與工作以外的其他事務有所瓜葛的藉口**

罷了。可是有朝一日，當他不再工作的時候，便立刻覺得自己沒有立足之地，而且無法認定沒在工作的自己是有價值的。

於是，有很多人即使退休後也選擇換一種受雇方式留在原來的地方繼續工作，或是再找其他工作。當然，我的意思不是說不可以工作。甚至應該說，不工作的話，生活可能會立刻陷入窘境。我只是希望大家想想，是否能夠不要像那些病後好不容易撿回一條小命卻連忙又陷入原來生活模式的人一樣，就算要工作，能否在退休後選擇與過去不同的方式？

一個可以在工作上找到人生價值的人，不論工作多久都不以為苦，甚至可能不會意識到自己是在工作。人生價值的說法也許有些小題大作，其實不過就是在工作中能有愉悅的感受。沒有哪樣工作是不需要努力且輕而易舉的，正因為需要努力才有成就感，而且這樣的努力將轉化為喜悅。

即使是這樣的人，想必也該反思自己是否將工作拿來當成不要與工作以外的其他事務有所瓜葛的藉口。

更不要說那些認為工作本身就是一種痛苦，毫無任何喜悅感受的人，除了必須花點心思讓自己可以從中體會人生價值之外，如果不在工作以外的事務上也找尋出價值的話，想必每天都會過得很辛苦吧。

若能避免將工作當成人生的全部，或是排除強制、義務性的壓力，感受得到工作本體的價值，那麼就算退休前後的生活有所差異，自己的生活態度也不會有太大的改變。

是副業還是複業？

有人在就業的同時已經開始從事副業。目前雖然有很多企業的就業規定中禁止員工從事副業，但也有公司是認可的。

從事副業的人，不見得將它視為「副」業。也有許多人即使在副業上花費的時間短，卻投注與本業同樣的、甚至是更多的熱情與精力。對他們來說，這其實不是副業，而是「複業」。因為兩邊都是本業。

不過，心裡要是抱持著如果早點找到那樣的工作，退休後就不用擔心的想法去工作，實在很無趣。而且只能藉由副業找尋到人生價值，也會是個問題吧。

我在年輕時所追隨的一位師長，寒暑假不上課的時候就會隱居山林專心寫小說。那段期間內，他會完全放下原來的哲學專業研究。雖然老師常說自己在大學教授和小說家之間遊走，腳踏兩條船，但我絕不認為他寫小說這件事阻礙了他在哲學上的發展。在哲學方面，如果不是脫離現實，探討的是有關於人該怎麼活、何謂幸福等等，那麼研究哲學與描繪人生的小說應該不會有太大的差異。這裡我雖然用了研究哲學這個說法，但說起來，哲學原本不是一門學問，而是「愛智」的意思。這裡說的「智」，就是有關於活著是怎麼一回事、什麼是幸福，還有怎麼樣可以過得幸福的一些智慧，因此即便方式不同，哲學家與小說家的目標是一致的。

我任職於精神科醫院時，也在做翻譯工作。我並不認為那是副業。而且譯作即使出版了，獲得的酬勞也相當有限，自己並沒有意識到要當成正職以外的另一項工作。

儘管如此，還持續做著那樣的翻譯，是因為我認為平時所從事的是諮商工作，透過翻譯的內容可以學習到許多事，對自己的工作是有用的。當時我翻譯的是阿德勒的著作。老實說，「認為有用」的這個想法算是別有居心。如果不是為了討生活，那麼翻譯這件事明明只要自己覺得有趣就行，之所以非得認為那是對本業有用處的，似乎是因為要替自己不務正業找個正當化的理由。

我的上司認為我做翻譯工作不太好，彼此間曾經因為這樣有過爭執。剛好那段期間，身體一直都不舒服，到醫院做過精密檢查也都說找不出病因。向上司報告病因不明的狀況後，他說我因為連休假日都在做翻譯工作，所以疏忽了自己的正職。

由於我不認為自己在假日做翻譯會影響本業，所以無法接受他的說法。於是我反問他，如果我在假日打高爾夫球的話就可以嗎？結果他的回答是，如果是打高爾夫球就沒問題。聽他這麼說，我便已經知道，要繼續在這家醫院工作是很難的。

我認為，不是在副業上，而是在興趣上投注與本業同樣的熱忱也是好的。有一位曾經共事的護理師，休假的時候會去玩單板滑雪。一到了春天，積雪便開始融化，他說最後甚至要遠征到山形縣去。

雖然看起來像是為了興趣而工作，我認為這樣也無妨。因為實際上，他並不是因為原來的正職工作很難熬，而是在興趣與護理工作雙方面都很投入。

我覺得，盡早找到這樣的副業或興趣，對退休後的人生來說是很重要沒錯，但不要只是為了退休後的生活去找，而是在工作時就擁有可以成為生活樂趣的副業或興趣，似乎是比較好的做法。

如果把工作當成是為了生活而做，最後會變成即使很難熬也非得要忍耐去做不可。興趣或副業不是為了減輕工作上的艱辛感，而是那件事本身就是一種快樂。至於有些人為何無法那麼想，接下來將逐步進行探討。

有必要尋找新的人生價值嗎？

退休後，有很多人因為非得要找出工作以外的其他人生價值而感到焦慮，其實要是說到退休後就非得做些什麼才行，那倒不見得。雖然有些生活上的考量，不能說得太過輕率，但是我認為，退休後不用說是工作，就算什麼都不做也無所謂。只是那些一輩子勤奮工作的人，或許會覺得每天無所事事過日子是不行的。

再來，能否感受到工作即是人生價值這件事也必須要思考一下。唯有在工作上才能感受到人生價值的人，一旦退休了，或即使在那之前因為生病而無法工作時，立刻會失去這樣的感受。

事實上所謂的什麼也不做，其實也只是沒做工作而已。人類在生活中是沒有辦法什麼也不做的，總之，**認為沒有工作之後一定要做些什麼才行，或必須找出人生價值的想法，其實就是尚未擺脫工作的束縛**。

法國雕刻家羅丹對人說完「Bonjour（日安）」之後，一定會加上一句「Avez-vou

bien travaillé（有好好工作嗎？）」。

雖然羅丹之所以見了人總是那麼問，是因為他幾乎無時無刻都在努力創作，其實我認為也可以廣義地去解釋工作這件事。讀書、寫信、散步、發呆、睡覺……**不論是做些什麼或不做什麼，活著的本身就是在工作，只要我們可以這麼想，那麼退休後不過就是不像過去那樣到公司上班而已，不代表沒有在工作。**

我們還得要想想，工作果真就等同於人生價值嗎？如果試著在興趣上以等同於工作上所耗費的心力去尋找人生價值，說不定退休後的人生價值所在也只是由工作轉移到興趣上而已。毫無任何準備便面臨退休的人，要是過去的人生中不曾在工作上感受到人生價值，那麼就拋下過去，現在開始下功夫從某些新事物去尋找即可。這種時候，不妨也想想所謂的人生價值是什麼。

雖然什麼都不做也無妨，但如果有些什麼事可以去做，並且覺得那麼做也不錯的話，心情上應該會比較輕鬆吧。心裡想著非做些什麼不可的時候，不論做什麼都會覺得是義務。成了義務就感覺不到人生價值。就連興趣都當成是義務的人，應該會認為人要是放任不管，就什麼都不會去做的吧。

我曾經在電視新聞中看到現在中高年繭居族逐漸增加的報導。所謂「廣義的繭居族」是指只在從事自己有興趣的活動時外出、會到鄰近的便利商店、會出自己的房門但不出家門，還有幾乎不出房門長達六個月以上的人。聽到這樣的說法，可能很多人都會懷疑自己該不會也算繭居族吧。

看到這樣的定義，為避免成為繭居族，即使勉強自己都必須要走出去。長達六個月足不出戶的情況也許比較少見，不過倒也不是非得要外出不可，而且有些人因病不能外出，應該不至於算是繭居族。

以前，我兒子曾經在考慮要不要進入一所住校制高中就讀的時候，因為看了住校手冊中的規定而決定放棄。他看到晚自習的時間表上註明了「強制參加」而反駁說，自習這種事怎麼能夠強制，斷然拒絕去讀那所學校。

也有人會說，非得要找到興趣才行。可是會覺得連興趣都「非得」找到才行，有點可笑。興趣這件事，正因為不是義務才有趣。把這件事也當成了義務，有點怪異。

找得到興趣當然很好，但是不必因此而覺得找不到或沒有培養興趣就感受不到人生價值。興趣不需要承擔任何義務。若是像工作那樣，一一考量這項興趣是否具備任何意義的話，就無法樂在其中了，是吧？

即使是工作，要說到是否一定需要具備什麼意義，其實也非必然。有太多太多工作，如果要以是否有意義或有沒有用之類的觀點來評斷，很可能都是無意義且無用的。

我年輕時曾經在大學講授古希臘文課程，有一年，這門課因為學生太少而停開。雖然學習古希臘文的學生不可能很多，但是我對校方以選課學生多寡來決定要不要開設這門算是西歐文化與學問基礎的古典語文課程，感到失望。

順帶一提，學校的英文是school，這個字來自於希臘文的schole，意思是「閒暇」。所以如果不是非實用性而且花時間的，就不能稱為是學問了。

回到原來的話題，不工作之後打算找個興趣來替代工作的人，會像過去工作一樣全心投注在興趣上。雖然我覺得要可以把自己從事的某件事稱之為興趣，必須要像專家一樣盡力到極致，可是一旦這麼說，有些人就會走火入魔。

比方說，有人想在退休後開始玩攝影。這種人會犯的錯，就是貿然買下單眼相機。他們覺得，畫圖需要天分，但是照相只要按下快門就好。抱持這樣的想法而打算拍拍看的心情，雖然很能夠體會，但實際上當你拿起相機開始要拍些什麼的時候就知道，還挺難的。專業攝影師，並不是只有按下快門而已。

我覺得起初先用手機拍，一陣子之後感到不過癮了再買單眼相機會好一點。只是說歸說，現在市面上開始有一些智慧型手機的攝影鏡頭性能並不輸給單眼相機，所以將智慧型手機視為攝影新手專用機似乎也不太對。不過，手機在操作上的確更為簡便，體積又不大，總是可以隨身攜帶。

一開始就打算用單眼相機拍照的人，是因為誤以為只要有台好相機就能拍出好照片。

阿德勒心理學又稱為「使用心理學」。**阿德勒說，重要的不是被賦予了什麼，而是如何去運用它**。相對於此，將重點放在「被賦予了什麼」的心理學，就是「佔有心理學」。

以前面這段話為例，不是擁有了好相機就能即刻拍出好照片，重要的是如何去使用它。即使不是什麼高性能的相機，只要懂得善用它，便能拍出好照片，而不是有了好（貴）的相機，馬上就可以拍出好作品。

同樣的道理也可以套用在本書中有關退休的問題上。**問題不在於退休，而在於如何接納退休這樣的現實面，之後的人生要如何度過，自己決定就行了。**

話題再轉回興趣的部分。明明買了相機，卻過沒兩天就不用了——為了不犯下這樣的錯誤，不用一開始就大陣仗地把所有道具都買齊，先從會做的部分循序漸進才是明智之舉。

有些人一旦不用上班後，馬上多出很多時間，抱怨說很無聊。對他們來說，興趣是為了打發時間的吧？但如果可以試圖像專業人士那樣全神貫注的話，不久之後便會發現，自己根本忘記時間過了多久。如此一來，無聊的感覺都消失了。

也有人在退休後從事其他工作。他們在還沒退休的時候就已經開始預做準備了。對於退休後要繼續工作，是否有必要先做那樣的準備，其實或可不必想著非得接著做下一份工作不可，而是好好思考一下退休後的人生。這麼做，即使要繼續工作，至少也可以選擇不同於過去的方式。

也許對某些人來說，退休後要不要再工作、或是做什麼樣的工作，並非選擇的問題而是為了生活非做不可。但是除此之外，如果真的不是非做不可的話，至少先考慮一下比較好。

同時與此相關，必須一併納入思考的是人為什麼而工作。有關這部分，之後再來探討。

由「縱向關係」改變為「橫向關係」意識

有些人初次見面就會詢問對方的學歷或職位。這樣的人，是為了清楚判別自己與對方之間的優劣。

或許是因為他們認為要了解對方是什麼樣的人，只能根據這些訊息。接著釐清彼此之間的上下關係，再決定採取何種態度、如何遣詞用字。

儘管我認為省去這些事會過得比較輕鬆愉快，但是這些人向來都覺得理所當然要以上下位階來處理人際關係。

這種人，當對方的狀況改變了，他的態度也會跟著變。一個成熟的人，不論任何時刻、何種狀況下都不會改變態度。這種時而改變態度、改變說話口氣的人，將失去他人的信任。見對方不如自己就態度傲慢，看人位高權重就卑躬屈膝，怎麼可能獲得信賴。

如同前面所見，有些男人因為自己在經濟上居優勢，便以此為據認定自己的地位高過於妻子或其他家人。這種想讓自己高高在上的念頭，源自於自卑感，所以會想要誇耀自己優於他人的部分。真正優秀的人，不會有這樣的舉動，甘於當一個普通人。

此外，前面提到過小孩不被視為與大人對等的個體，大人會對小孩說，你要做什麼都行，等你自己會賺錢了再說。我覺得，明明這些人自己當年也曾經被父母這麼說過而感到不甘心，不知道是當了爸媽就全部忘得一乾二淨，還是因為自己曾經忿忿不平，現在也非得讓孩子嚐嚐苦頭不可。

如果要說，一個人在經濟上的優勢是否就等同於他的地位較高、較優秀，那當然不是。只能以上下位階處理人際關係的人，會找出自己優於他人之處，像是扮演一個為了家人在外工作的角色。可是實際上，處理家務或在學校學習，並不會比出外工作還要不如。

「已經讓你們在經濟上不虞匱乏了，還有什麼不滿？」會對家人這麼說的人，並不知道家人不滿的是他將這些事拿來炫耀。

認為自己在經濟上居優勢的想法，為什麼會成為問題？因為一旦退休後，再也無法領取像過去那樣的收入時，就可能換家人用同樣的事情來折磨你。如果是知道自己的價值不在於擁有工作和收入的人，那倒還好。就怕遭到家人用這一點來反擊，而自己還像過去在工作時一樣採取蠻橫的態度，以為人家理當要為他煮飯做事，終將被家人孤立。

如果要問，為什麼我可以很有自信地說，經濟上的優勢不意味著地位就比較崇高，那是因為我從年輕開始就不曾在家中佔過經濟上的優勢。

我以研究為目標，長期待在研究所，三十歲時孩子出生後，很長一段時間就由我負責到幼兒園接送孩子。期間，經濟來源全都仰賴在小學教書的太太。可是我從來不曾因為自己沒賺錢就感到自卑。

後來病倒的時候，來探病的兒子說：「幸好病倒的是你。」當然，兒子的意思其實是說，即使要長期住院也沒關係，不用擔心家中的收支好好休養就行。要由誰出外賺錢，每個家庭各有不同的狀況，不會因為誰賺錢就了不起。

之所以特別提到這些事，正因為有些人會說出「已經讓家人在經濟上不虞匱乏了，他們到底哪裡不滿」這樣的話來。

認為經濟上的優勢足以證明自己優秀傑出的人，也許他的父母也有過同樣的人生。當然，也有人會以父母的經歷為反面教材，只是在父母影響下成長的人，成家立業後還是可能在無意間做出與他們一樣的事來。

有些人即使沒有大肆宣揚自己在經濟上的優勢，依然想要位居他人之上。這樣的行為，就如同前面所見的自卑感或虛榮心的表現。

也有人是緊抱著過去的光環不放。例如像老是提起某一本暢銷作品是自己寫的那種人。

另外，有人會變得情緒化，拉高嗓門斥喝身邊的人，這是因為沒有自信，認為如果太普通而不起眼，其他人會不把自己看在眼裡，試圖以情緒化的行為表現佔上風。

關於這樣的人，阿德勒稱他們有「貶低價值的傾向」。意思是試圖藉由貶低他人的價值，相對提高自己的價值。害怕人家看穿自己沒有工作才能的人，在下屬面前會想要用一些與工作不相關的事佔上風。阿德勒說，工作是主戰場，又或者說是第一戰場。雖然關於工作是戰場的這個論點，我持不同的看法，不過這裡要說的是上司想用工作以外的事情來貶低下屬的價值。

在公司總是用這樣的態度對待下屬的人，退休後回歸家庭，對家人也會做一樣的事。過去工作時就已經對自己的能力沒信心，回歸家庭後連工作都沒了，於是覺得自己毫無任何價值。原本在公司就已經有明顯的貶低價值傾向，會因此更加嚴重。在公司裡再怎麼樣情緒化，由於是上司的關係，可能不會有人敢說些什麼，但是在家裡，可就會變成人人討厭的對象。

不害怕他人評價

持續採取這樣的態度，是因為覺得如果不特別就無法認定自己有價值。他們不是在退休後才開始這樣的行為，而是打從年輕時就認為必須要成為特別人物才行。

覺得這麼做可以高高在上的人，必須要為退休做的準備就是**可以接納自己與他人對等、即使不特別但可以如實做自己就好的想法**。

假使是一個退休前就能如實接納自己的人，即使退休後也不會感覺生活有太大的變化。如果不是的話，就會覺得失去所有而產生強烈的失落感。

至於人為何會產生無法如實接納自己的想法，那是因為小時候，覺得如果表現得特別好，父母會讚賞自己，否則便不是他們眼中的好孩子。起初，對象也許只有父母，但後來會變得希望受到所有人稱讚。

照理說，不是一開始就有這種想要受人稱讚的想法。應該也曾經有過如實做自己就可以的經驗。即使孩子沒有任何特別之處，就只是如實做自己、活在這世上，父母就感到開心了。

但是不知從何時開始，父母對孩子的態度不再像孩子小時候那樣，會要求他們必須表現得特別好。

具體來說，父母會期待孩子有好成績、進入好學校。於是孩子就要為了滿足父母的期待，努力用功讀書。變得特別好，不是只有在功課方面，也包含行動面。其實以讀書來說，讀書不是為了別人而讀。學習新知本身就是一種快樂，這樣的快樂應該會成為用功讀書的強烈動機。可是當讀書變得困難，無法拿到父母所期待的成績時，就會放棄讀書。

如此一來，自認為滿足不了父母期待的孩子就會出現大轉變，打算變得特別差。如果是個性積極的孩子，會有脫序行為；消極的孩子，就會拒絕上學、關在家裡不出門、出現心理上的病症。從事心理諮商這麼多年，我總是在想，如果有動力的話，只要改變施力的方向就很容易重新振作，但如果不太有動力，就必須先從找出動力的部分去著手。

當然，不是所有孩子都能回應父母的期待。有些孩子打從小學開始學到數學的分數概念時就已經認定自己在這方面完全不行了。

孩子之所以一開始試圖變得特別好，萬一達不到就變得特別糟，絕大部分是受到大人的影響。過去的教育方式會稱讚或斥責孩子，這會使得與他人競爭的心理深植在孩子內心。競爭中可以獲勝的孩子會用功讀書，辦不到的孩子就會選擇放棄。

即使是競爭中獲勝的孩子，也將因為不知何時會落敗而戰戰兢兢。這樣的狀況在成為大人之後持續存在，公司裡同樣會有這些事發生。**阿德勒心理學認為，競爭是有損人類精神健康的最大要因**。競爭絕非天經地義。

不論是試圖變得特別好還是特別差的孩子，受限於他人評價的這一點完全相同。自己的價值非得獲得大人認同不可。

不是只有父母，連他人如何評價自己都非常在意的人似乎也很多。比方說，日常生活中要是聽到人家說：「你是個討厭的人。」可能會讓你心情低落。然而這也不過是對方對你的評價，你的價值並不會因為「你是個討厭的人」這句話而減低。

相對地，人家要是說：「你是個好人。」可能會讓你心花怒放。這當然也只是對方的評價，你的價值不會因此而提高。

工作場合中也一樣，評價不必然都正確。有人認為，大學考試只要有實力，還有其他不論什麼考試也應該都會拿到好成績。然而實際上，就是有人無法在考試中獲得相應的評價。

企業甄試也一樣。真正優秀有能力的人得不到企業實在的評價而落榜，這種情況常有。我的編輯朋友就是參加了二十幾家出版社徵選都落榜，最後好不容易才找到一家可以任職。他進那家出版社兩年後，出版了一本暢銷百萬的作品。就連工作上的評價，都不過如此而已。如同這些例子，評價與個人的價值或本質根本毫無關係。

擔心他人如何看待自己、評價自己，雖然是從兒童時期就開始的狀況，但長大成人後依然會持續下去。不論是即將面臨退休，還是已經退休的人，不再像這樣介意他人對自己的想法，對今後的人生有著重大意義。

如實接納自己

即使不特別，普普通通的就行了。**所謂的普通不是平凡，而是如實呈現自己現有的樣貌。**

即使不依賴那些什麼「屬性」之類的，也就是隸屬單位或學歷等等，也能夠認為自己有價值；即使不再工作了，也能如實接納自己——為何需要如此？因為自己與公司相關的一些屬性，退休後就不具任何意義了。原本的屬性不是用來表示自己的價值。我認為，似乎有很多人並不知道屬性與自己的價值毫無關係。

那樣的人，可以說當他與他人互動時所做的價值判斷，依據的不是當事人本身，而是他的屬性。所以頭一次見面就會突然問人家的學歷或職務等等。

可以看到這些人交換名片時，互相看一下對方的名片，似乎要從頭銜來給對方標個價。

因為他人對自己的評價很低，所以無法如實接納自己，這當中到底有什麼問題？

問題就在於不論有多麼不喜歡自己，這個「我」就是獨一無二的我。不論自己有什麼樣的怪毛病，到死為止都非得與這樣的自己相處不可。如果是其他的道具物品，只要不喜歡，又或者持有比現在更棒的東西，就可以更換。但是人無法將這個稱為「自己」的道具與他人交換。如果自己不能接納自己，無法獲得幸福。

為何不是由他人的評價，而是必須從如實的自己去認定個人價值？

阿德勒說：

「人只有在認為自己有價值的時候，才具備勇氣。」

這裡所說的勇氣，有兩個意思。一個是致力於工作的勇氣，另一個則是進入人際關係的勇氣。

致力於工作，所獲得的結果將遭受評價。雖然有人會害怕面對結果，其實結果若是不理想，也只能坦然面對實力還不完備的現實面，繼續再加油。

總是可以獲得好結果的人，或許不需要這樣的勇氣。然而並非凡事從一開始都能如願得到好結果。所以在遇到那樣的狀況時，不要認為自己不適合這份工作，必須要有致力於工作的勇氣。

沒有哪個工作是輕而易舉的。成就難度高的工作，所獲得的喜悅更多。

另外一項勇氣，是進入人際關係的勇氣。說到進入人際關係為何需要勇氣，那是因為人際關係中很難避免產生摩擦。只要與人有瓜葛，就免不了要面對被討厭、背叛與憎恨的經驗。

但是，生命的喜悅只能藉由與他人的關係獲得，這也是事實。結了婚的人，只要回想一下當初為何下定決心要與交往了很久的他（她）結婚，就能明白。想必正是因為確信與這個人在一起肯定能獲得幸福，才會踏入婚姻。要是認為與這個人結婚只會變得不幸，應該不會決定要結婚吧？暫且不論幾年後才察覺到當時的決定根本是個錯誤。

人際關係與工作一樣，不是一開始便能建立良好關係。結婚不像戲劇或小說那樣，必然可以有個快樂結局。也正因為如此，我們雖然會為了人際關係而苦惱，甚至偶有衝撞，但是花費心力建構出足以信任的關係，將成為人生中的喜悅。

不是只要彼此相愛，就能構築良好關係。不是因為有愛這樣的情感在，雙方的關係和溝通才變得良好。而是當你覺得與某人有了良好的溝通互動時，才會感到自己愛著這個人。

所謂的溝通，不是意味著把話說得很圓融。不必試圖展現自己好的一面，也不要想著非得說些什麼特別的話去為自己加分。可以說，當你覺得在對方面前只要像平常一樣就行的時候，雙方便已經有著良好溝通。相對地，當兩人說起話來像在吵架似的時候，彼此之間的愛便已失去。

這裡雖然將面對工作與人際關係的勇氣分開來談，但是依工作性質，有些工作的主軸就是人際關係。大致說來，即使是獨自進行的工作，也沒有那種可以自己一個人從頭到尾都包辦的。像我這樣的寫作工作，就必須與編輯保持密切聯繫。當編輯說：「這本書是我做的。」雖然會讓人覺得有些言過其實，但的確他也是共同作業的一分子，而且，如果不是自己想要與其共事的人，是不可能接受他們的邀稿。

不再工作之後，要進入不同於過去工作圈內的人際關係，就必須擁有勇氣。也就是與家人、親戚和鄰居之間的人際關係。即使是在公司已經習慣與人應對的人，也不見得擅長處理這類的關係。當然，過去的生活中雖然不是單純只有職場上的人際關係，只是向來以工作為由而避開的那些關係開始變得重要了。

特別是與家人的關係很重要。過去將配偶、孩子還有父母之間的關係擺在最後的人，在此之後，非得面對不可。覺得自己在家中向來被疏遠的人，說不定還會不好意思直白地表示：「好吧，從今天開始要一直賴在家裡嘍。」不過，就算是這樣的人，也非得具備進入人際關係的勇氣不可。

阿德勒說，當一個人能夠認定如實的自己充分具有價值時，便能具備勇氣。過去在職場上為獲得他人良好評價而必須刻意讓自己表現優異的人，退休後因為不必再擔心他人的評價，其實心裡只要想著如實做自己就行了。

只是對那些向來認定自己非表現得特別好不可的人來說，事情或許沒那麼簡單。如果是還沒退休的人，可能要開始做些準備，也就是試著接納自己原有的樣貌。

自己的配偶因為已經相處很久，也許有人覺得不必擔心，但之前不常來往的鄰居或親戚，可能就有人會不知該如何應對。

退休後的人際關係，不見得打從一開始就很順利。雖然每一種人際關係都很難，但只要循序漸進就能構築良好關係，一開始就斷定行不通的想法，我覺得並不妥當。

其實有這種想法的人，一旦開始涉入人際關係後，說不定會發現與那些原本不太有交集的人互動，實際上並沒有想像中困難。

只是要知道，以前在公司上班所用的頭銜再也不管用了。不能老是想著要跟人家提當年勇，說自己退休前做了哪些事之類的，這是不行的。

即使不再隸屬於任何組織也必須明白，如實做自己就有價值。

認定自己有價值

說到如何讓自己認定自身的價值，必須做到以下兩件事：

第一，是知道自己的優點。有很多人在被問到優點是什麼的時候，都無法回答。我認為多半是因為從小就不斷聽到父母或是身邊大人叨唸自己缺點的緣故。

因為孩子的問題來尋求諮商的人，如果不問他們孩子的優點是什麼的話，他們就會不停地說孩子有些什麼缺點、出現哪些脫序行為還有異常狀況。一旦要他們說說孩子的優點時，這些人就好像從來沒想過這個問題似的，完全答不上來。

在這種無法看見孩子優點的父母養育之下，長大成人後說不出自己有什麼優點，也是理所當然。

高中畢業後不久，我在路上遇見了國中校長。校長對我說：「有時間來玩。」

現在想想，是可以理解當時校長說的應該是客套話，而不是真的當成一回事。可是那時候我聽他這麼說，覺得很開心，於是沒多久就去校長家叨擾了。

那一次究竟和校長聊了些什麼，現在幾乎都不記得了。唯一記得他說過一段話。他看了看我瘦小的體型說：

「你不適合當生意人。體格不再壯碩一點的話，沒辦法做那樣的工作。而且不管怎麼說，都要再強勢一點。不過，你不行啦。」

當時我心裡想，「不行」這樣的字眼，應該不是可以這樣當面對人說的，更何況是出自一位教育工作者口中。由於我不曾受教於他，他對我的了解也不多，光憑外表就被人評論說不適合什麼的，心裡很不是滋味。

生意人這樣的用詞也是奇怪。或許在他的意識裡，那是比老師這樣的職業還低一等的吧。

總之那一天，如果可以聽到他說哪些事是適合我做的，說不定我會因為能夠遇見他而抱著感激的心情從他家離開。然而卻沒有。

後來，我從事了心理諮商工作。由於自己對於人生中即使只有一面之緣也能像那樣令人久久難以釋懷一事有所領悟，我認為就算與諮商對象只見一次面，也必須盡力提供可能改變對方人生的諮商服務。

我想，因為校長當時的那段話，讓我明白了一種人生的樣貌。那是一種被宣告為人生魯蛇的感覺。當自己原本就心裡有數的事被他人拿來再對你說一次時，儘管嚇了一跳，心裡還是會覺得事情果然是那樣沒錯。

那天的事之所以會記得那麼清楚，是因為即便他說「體格如果不再壯碩一點、強勢一點的話是不行的」，我也沒辦法把自己瘦小的體格變大。這種事我肯定辦不到之外，我不明白的是，如果照他說的「態度強勢」是成為生意人所必需的話，那麼我究竟可以成為什麼樣的人？

後來，我雖然一度以成為老師為目標，但當時我心中所認知的老師形象是必須拉高嗓門大聲斥喝學生的。由於我覺得自己沒辦法那樣做，應該是當不成老師，所以便打消了那個念頭。

不過仔細想想，對我影響重大的老師，從來不曾像那樣聲嘶力竭。希望成為老師的時候，竟然沒想過以他們為榜樣，也真是有點不可思議。

成為諮商師之後明白了一件事，也就是那種強勢、給人壓迫感的人可能不適合當諮商師。當然，這是我單方面的想法，也有人認為那種伶牙俐齒、犀利的人比較適合。只是我想，自己應該是因為個子小而讓人覺得沒有壓迫感，所以才適合的吧。

教我心理諮商的一位老師對我說：「你有讓人放鬆的才能。」這句話的意思並不是說大塊頭的人就不能當諮商師，我從老師那裡學到的是活用自己所擁有的能力。

來找我諮商的人如果說他自己缺乏專注力的時候，我就會告訴他，不是缺乏專注力而是擁有一心多用的能力。只能自己一個人在安靜的房間裡才有辦法做事的話，是不行的。因為周圍的環境即使人再多、再吵都要有辦法做事，這可說是現今社會必備的能力。

另外，說自己三分鐘熱度的人，我會告訴他，其實不是三分鐘熱度而是擁有決斷力。在知道眼前所做的事並不適合自己的時候，必須能夠當機立斷改變目標，否則就是浪費時間。也就是說，即使花大錢買了一本書，在知道不適合自己的時候要有闔上那本書的勇氣。

這樣的決斷力，在選擇工作或辭去工作的時候是有必要的。因為長時間投注了心力和資金，要轉往不同道路發展時，是需要勇氣的。如果缺乏決斷力的話，就會一邊心懷怨懟卻繼續做下去，一邊覺得再也受不了這樣的工作壓力卻又因為在意旁人目光而無法辭去工作，最後很可能導致過勞死。

決斷力也包含再次決斷力。並不是下過一次決定就非得持續同樣的決定到最後不可。

像這樣，能夠以不同的角度去詮釋自己向來認為是缺點的部分，就能如實接納自己。

為坦然接受自己現有的樣貌並認定自己的價值，還需要一樣東西。那就是擁有貢獻感。

何種狀況下能夠擁有貢獻感，對於本書核心所在的退休後的人生樣貌有著重大影響。如果在退休前對這件事有正確的認知，退休後就不會感到迷惘困惑。

先說結論的話，對於唯有工作能使自己擁有貢獻感的人來說，退休後的日子會很難熬。相反地，退休之前不認為自己的價值僅限於工作上的人，退休後的人生就不會那麼艱辛。

人並非藉由工作才能有所貢獻。知道**自己的價值不在於做了些什麼，而是存活於這個世間**，是很重要的。至於這是什麼意思，我們之後再來詳細探討。

知道自己不在共同體的中心位置

有一位老師因為憂鬱症而停下了工作。當我勸他說，既然現在停職休假中，何不乾脆去旅行走一走，結果他的回答是沒辦法。據他的說法是，萬一學校打電話來就傷腦筋了。雖然我跟他說，只要帶著手機，不就可以接到學校的電話嗎？他說要是不用家裡的電話聯絡，人家會質疑他為什麼沒有待在家裡調養身體。

對於抱持這種想法而刻意減少出門的那位老師，我必須跟他說明下面這件事。我說，差不多要等到你的休假期滿，校方才會想起你這個人，現在學校裡大家都很忙，沒人會在意你的事。

他即使待在家裡都不得閒。他說，自己的車要是停在車位上的話，左鄰右舍看見了會認為他沒有去上班。關於這部分，我必須說，這世上的人對你的關注程度其實並不如你自己所想的那樣。

由於我從年輕時開始就會在平常日到超市購物，我知道的確有人會用詫異的眼光看我。不過，那樣的人並不多。這已經是幾十年前的事，而且不在大城市裡，換成是現在，又在都市的話，男人出來購物或許更不會引起任何人注意吧。就算真的有人注意，應該也只是瞄一眼就移開視線到其他有趣的事物上了。雖然他對我這樣的說明似乎有點不服氣，但實際上就是如此。

後來他終於能夠出門去旅行，重新找回了活力，不久便回到工作崗位上了。如果是像這位老師因病停職的話，一旦回復元氣就能再回去工作。可是退休的人已經沒有所屬單位，不受任何人關注的狀況只會延續下去。

前面提到過，歸屬感是人類的基本需求。但是隸屬於共同體（退休之前的共同體就是公司）和位居共同體的中心位置，卻完全是兩回事。

退休之後回歸家庭，要是認為自己位居這個稱為家庭的共同體中心位置的話，恐怕家人都會對你敬而遠之吧。

傾聽比公司更大的共同體之聲

由於我們隸屬的共同體不可能只有公司，不會因為離開了公司就失去依歸。

西塞羅（Marcus Tullius Cicero）曾提到說，當蘇格拉底被人問到他認為自己是哪一國的人民時，蘇格拉底表示自己是「世界公民」（引自西塞羅《圖斯庫倫論辯集》）。由於蘇格拉底是雅典城邦的一員，照理說不會這樣回答，但假使當時果真有這樣的對答，那麼詢問蘇格拉底的人，恐怕無法立刻明白他如此回答的意思是什麼。其實蘇格拉底一直都認為超越國家之上的正義才是最重要的，答覆說自己是世界公民的他，想必是不願受到雅典城邦這樣狹隘的組織所束縛吧。

蘇格拉底如此回答，並不是要貶低自己原來所屬的雅典城邦。毋寧說，他是一位愛國者。正因為如此，絕對不能漠視國家的弊端。

蘇格拉底知道自己當時需要超越所屬的共同體，該做些什麼。即使他對國家提出嚴厲的批判，也不意味著他是一個不愛國的人。

坐視上司或組織弊端的人，說穿了，他只在乎自己。對於這樣的下屬，上司會以升遷或其他利益回報暗示他宣誓效忠，試圖利用他擴張自己的勢力。

即使上司圖謀不軌，下屬不但不會揭發弊端，反而會為了自保去袒護上司。這樣的下屬，比起為了公司著想，更在意自己的利弊，於是當弊端露了餡，公司便失去社會大眾的信任。為了不落入這樣的下場，不放過任何弊端，才是真正對公司有愛。

能夠思及更大的共同體利益，對組織而言是極為重要的事。

向來看上司臉色工作的人，由於退休後就不必再有所顧慮，對他來說也算是好事一樁。如果是退休前就能認知到自己所屬的其實是比公司更大的共同體，退休對他而言，一點也不可怕。

自認為隸屬於公司的人，充其量不過是名上班族；認為自己隸屬於超越公司的更大共同體，則可說是社會的一分子。個體所屬的共同體，其實更大於國家。

第 3 章

重新審視工作的意義

何謂公司？

只要沒工作就感覺坐立難安，立刻覺得自己失去了價值似的，對這樣的人來說，公司到底是什麼？

前面說過，有人來諮商的時候，會像朗讀履歷表那樣介紹自己。例如說到畢業於哪間大學、任職於哪家公司等等。看得出來，這樣的人似乎認為自己的價值取決於自己所屬的企業。

其實就算問了學經歷，只能得到一般而表象的資料，我真正想知道的，是關於來諮商的這個人本身的訊息。

讀哪間大學或在哪家公司，不過是這個人的「屬性」之一（而且還不是那麼重要），並不是他的「本質」。

柏拉圖在《理想國》中提及希波戰爭時擊敗波斯艦隊的雅典政治家——地米斯托克利（Themistocles），他是這麼描述的。

某一個小國家的人對地米斯托克利說：「你今天的名聲，並非來自於你的能力，不過是因為你剛好生為雅典人罷了。」想要藉此挫挫他的銳氣。

地米斯托克利回答他：

「可不是嘛，如果我出生在你們國家的話，或許不會有今天這樣的成就。不過你就算出生在雅典，也不見得能像我一樣功成名就吧？」

同樣的道理，想必也能套用在公司上。也許有人想要認定是因為隸屬於某公司所以才能夠有所成就，然則，要說到每一個隸屬於該公司的人是否都可以功成名就，那倒未必吧？

我認為，比起公司來說，個人的力量影響更大。**說得更準確一點，隸屬於哪家公司，並無法證明自己有能力**。

自我介紹的時候說出自己隸屬的組織，應該是希望他人以此為根據來評價自己。可是事實上，隸屬於該組織，並不意味著你有實力。

打算離開原本任職的精神科醫院時，擔任我上司的那名醫師曾經對我說了下面這句話。當時我在院內負責心理諮商的工作。

「來尋求心理諮商的人，不是來找你這個醫生求助，是找醫院求助。」他說。當下我很想回他一句，照這麼說，難道離開醫院之後成為個人諮商師，就不會有任何人上門了嗎？

實際上，應該是如同那位醫師所說，前往醫院或診所尋求諮商的人，一定比去找個人諮商師的還多吧。但儘管如此，聽到他那麼說，知道自己的實力不被認可，還是覺得很不甘心。

不過幸好，他允許我轉告原來由我看診的病患，之後也可以到我個人的諮商室繼續接受治療。

至於後來的狀況，他那一番話算是說中了一半。我離開醫院前，告知手上的諮商對象，之後我將在自己家裡開設個人諮商室。只是後來因為沒有設法聯絡上他們，告知我已經開業的消息，某些患者就沒再來進行諮商了。

在醫院工作時因為有月薪，即使諮商個案不多也不成問題。但是獨立開業之後，諮商個案少的話，收入立刻受影響。

不過慢慢地，上門來諮商的人逐漸增加，到後來每天都要接好幾個案子。並不是只要開業了，病患就理所當然都會來找我。這是過去隸屬於組織時所不明白的辛勞。

如此說來，是不是只要隸屬於組織就什麼也不必做呢？不是的。以心理諮商為例的話，即使病患當初不是因為醫師個人，而是因為醫院或診所的名號前來，但之後的諮商如果沒有確實做好，就沒有人願意再來了。

現在我因為寫了書所以能夠明白，但有些人可能認為書只要交給大出版社去出版就一定會暢銷。其實那本書如果很無趣，不論由哪家出版社發行，都不會大賣。反過來說，即使是小出版社出的書，如果有人認為值得一讀，就會暢銷。

這個道理，與為了什麼而工作也有關聯。如果是一個認為書不是要暢銷，而是要真的去到有需要的人手中才值得欣慰的人，到底賣出了多少書，應該不算是什麼大問題。

有人可取代

工作上必須知道一件事，也就是一定要有人可以替代自己。

我雖然擔任醫院的心理諮商師，但也做櫃檯的工作。一開始由於我對櫃檯工作不熟悉，覺得自己很可能做不來。經過一番磨練後，我認為已經趨近完美。

沒多久，我在接到病患電話時，對方還沒報上姓名，我就已經知道是誰：「您是～先生吧？」並主動問候對方。當時自己在醫院裡被當成像是活字典似的，還有那麼一點小驕傲。其實也可以說是因為我們醫院沒那麼大，病患人數不多，才有辦法做到那樣。

有一天從醫院下班要回家，在樓梯上踩了個空，扭傷了腳。

當時我覺得自己要是請假的話，院方一定很頭痛，所以隔天硬是出門去上班。結果上司說我這樣拄著拐杖來上班，給他們造成困擾，不得已只好照醫生吩咐，請了三週的假。

然而真實狀況完全背離了我原本的擔憂，我休息了那麼長一段時間，醫院根本毫不受影響，照常運轉。

迎接退休，也是一樣的狀況。我就曾經聽過有人因為覺得自己要是離開了公司，大家會很困擾，即使退休了還是會到公司露露臉。但是說起來，這樣去露臉，恐怕人家不但不會高興，反而還覺得你不知道是來做什麼的。

自己就算不在，公司照常運轉，知道這樣的事其實應該要感到開心。因為這表示你過去在職位上確實提攜了後進，縱然你離開了，大家一樣把事情處理妥當。任職期間因為做了適切的指導，所以自己不再被需要是可喜可賀的一件事。

我離開醫院之後，只回去過一次。我並不是要去看自己不在了以後，大家到底變得怎麼樣，而是因為院裡的電腦出了狀況。過去任職期間，那台電腦差不多都是我在用，所以他們聯絡我，希望我去幫忙看看哪裡有問題。

我在那裡只服務了三年，一踏進醫院那個從早到晚待著的櫃檯，覺得空間好狹小。我真的感覺到，離開後的現在，自己進入了更寬廣的世界。

想一想，是否有哪些事只有自己辦得到？

才剛剛說完有人可以取代自己的部分，這裡說不定會讓各位感到有些困惑？其實知道自己的工作無人可取代，也是很重要的。

同樣的工作，做法必然因人而異。我想，曾經住過院的人應該知道，當班的護理師每天都會換。由於要做些什麼都已經決定好了，原本應該是不論由誰來做都一樣，但是例如有些人會很仔細地幫病患擦身體，有些人則因為重視效率而不是那麼周到；有的人面帶笑容，有的則板著一張臉，面無表情。

從病患的角度來看，的確會想要挑選當班的護理師。這種時候，就不是只憑能力高低去做選擇。同樣的工作，各人態度的認真、熱誠與真摯程度是明顯不同的。萬一遇上了臭臉又沒誠意的護理師，一整天內的幾次照面都會感覺很不愉快。

對病患來說，再沒有什麼比這個更讓人覺得不舒服的了。事實上，護理師在進行這項工作時情緒不佳，他自己心裡應該也不好受吧。我覺得，雖然任何工作都不是只有快樂的一面，但還是希望可以了解工作的樂趣，開開心心地去面對。

這麼說來，難道只要態度認真、有熱誠又真摯就可以了嗎？那倒也不是。如果打個點滴要失敗好幾次，可就頭痛了。

從前我母親住院的時候，因為每天都要吊點滴，到後來幾乎找不到血管可以打。有一位當年才剛當上護理師的年輕人態度真誠，他沒辦法很精確地找到靜脈，所以每到他非得操作點滴的時候，一定會去找資深護理師過來協助。

由於資深護理師可以精準地一次就打對位置，母親少了痛苦折磨，讓我感到很慶幸。只是難免對那名新手護理師有點過意不去。說起來，病患與家屬必須用一種好像對待膿包似的卑屈態度，其實有點奇怪。可是一旦論及選擇護理師時究竟要看他的技術還是人品，還真是個難題。

要看技術還是人品，其實這種二分法是錯誤的。因為護理工作中有一個層面是照護，光是有技術還是不夠的。我認為，一位有熱誠的護理師習得了專業技術，即使以個人的身分也能得到病患信任，應該是最理想的。

要達到德術兼備並不容易。我這輩子住院住了好幾次，對於住院當時的護理師都記得很清楚。只要回想起自己在身心都乏弱的時候，從他們那裡得到莫大的幫助活了下來，心中盡是滿滿的感謝。我希望他們對於從事這樣的工作，要更有自信與自尊心。

近年來，政府在引進外籍勞工時，將看護工作視為單純的勞動，令人感到憤慨。因為不論是看護或照護，都不是可以制式化的工作。兩者都是必須與人有所互動，需要具備關係建構方面的知識與經驗，絕對不只是單純的勞動。

如今這個時代，所謂「從事只有自己才做得到的工作」這件事，也許變得有些難以理解。年輕人求職的時侯，會向求職單位展現自己具備的知識，像是懂得用Word和Excel之類的工具。這麼做，並不是向該公司展現自己是獨立的存在、與他人有所不同，而是說明自己與他人具備同樣的知識。換個說法，等同於對公司表示自己只具備他人可以取而代之的能力。

年輕人之所以變成這樣，公司方面也有責任。原本應該要召募的是「非你莫屬」的人選，但是公司卻傾向於選擇具有「即戰力」，也就是無須訓練就能上場的人。

大家對「人才」這個用詞如此不經思考就掛在嘴邊，其實不無疑問。原意應該是「有才能的人」，但現在聽在我耳裡，卻成了人人皆可取代的「人材（材料）」。人人都不該是「材料」。如果企業徵求的是「材料」，一旦無法再工作的時候，因為「替代品多的是」就會即刻遭到解雇。退休的時候也會遇上一樣的狀況。

公司若是將員工當成「人才」來雇用，那麼已經退休的人，不論知識或經驗都比年輕人豐富。照理說，在延長雇用時應該是不會改變原本提供給他的待遇，或大幅刪減薪水。

另一方面，即使不是以人才的角度去雇用，即將面臨退休的人不光只是知識與技術，也是原本所謂真正有才能的人，那麼，改變他們的待遇本來就是奇怪的做法。

我父親還在工作的那個年代，學校一畢業就待在一家公司工作到退休，是很順理成章的事。所以進公司之後沒有立即拿出成果，也不會被趕出來。當然，不能發揮個人能力的話，是會影響到升遷沒錯，但如果是在成果主義至上的今天，可能馬上就被公司掃地出門了。

如今，似乎連大學老師也必須在一年之內寫出好幾本論文，當年我還是學生的時代，就有教授在三十年之中連一本論文都沒寫。當然，我之所以會記得這件事，也因為那算是特例。不過也可以說，正因為是那樣的人物也能夠待下來的大學，才能做出一些獨創性的研究。例如我所學習的哲學，或是數學、物理學這樣的學問，研究成果原本就不可能量產。

數學家岡潔，有一年夏天受友人之邀到北海道大學，並借用理學院原本作為接待室的房間進行研究。那房間裡有一套很棒的沙發，岡潔本來打算要解題，結果才過了十分鐘就眼皮沉重，在沙發上睡著了。由於校內傳聞說他老是在睡覺，讓他幾乎成為大學裡的話題人物。

不過，就在他覺得差不多該回鄉的九月的某個早晨，朋友招待他到家裡吃過早餐之後，他坐在客廳裡不知不覺腦子轉了又轉，思路漸漸往一個方向凝聚。坐在那裡的兩個半小時之間，徹底想通了哪個部分該怎麼做。岡潔想出了解答的這個題目，明明在他來北海道之前，是怎麼也找不到解決的突破點。

我回想起曾經有大學老師對來聽課的學生說：「各位似乎很積極來聽我上課，只是這麼一來，究竟何時才有空讀書呢？」表面上看來似乎沒有動靜，其實心念不斷在轉動著。不認同這樣的事實，光是拘泥於形式的話，將阻礙學問的研究發展。

一旦連大學都講求成果主義，那麼為了在大學內繼續任教、保留職位，就非得寫出很多論文不可。於是有些無法寫論文的老師會剽竊其他研究者的論文，或是捏造資料等等。當然，這樣的狀況確實該歸咎於這些老師的道德問題，只是也可以說，這樣的弊端正是競爭式社會的一個缺點。

不是每個人都能在競爭式社會中立即展現亮眼的成果。我認為不論是公司還是社會，都必須給大器晚成或起步較晚的人留一點餘地。

即使任職於公司時，沒能夠成就什麼事業，難保在退休之後，過去的工作不會以某種形式繼續累積延續。

退休後再到其他公司服務時，如果可以不必像年輕時那樣，凡事必須立見成效的話，說不定有機會衍生出其他新的創意。

不單只為一家公司，而是能夠創造一些什麼，正可說是往後人生的寫照。更進一步來說，不隸屬於任何組織單位，就能夠盡情自由地從事研究了。儘管有些研究是個人難以達成的，說是自由，或許還是有個極限，但重要的是必須擁有不受任何拘束的自由的精神。

年輕時因為擔心失敗會被上司責罵而畏畏縮縮的人，退休後便自由了。史蒂夫・賈伯斯年輕時，也就是在推出如今人稱Macintosh Classic的麥金塔電腦的一九八四年，已經畫好後來上市的iPhone原型圖稿。現代企業所需要的，就是這種自由的精神，為這樣的事留下一些可能性。那是一種即使人家告訴你辦不到，或是要求你必須立刻拿出成果來，都能讓你毫不畏怯的去研究開發的自由環境與氛圍。我認為，這樣的事不只限於年輕人，不論到了幾歲都辦得到。即便是退休後，肯定還是有機會。

另外，我也希望年輕人得以進入一家即使失敗了都有機會迎接新挑戰的公司工作。我認為年輕人不論在知性與感性方面都很優異，如果提出了一些連上司也沒想到的點子，卻被他們保守的死腦筋喝斥為無稽之談，實在是很遺憾的一件事。

展開新活動的契機

沒有退休制度的工作也很辛苦。我有一位朋友繼承了爺爺和父親的事業，成為某醫院的第三代院長。剛當上醫師的時候，據說老病患都會在他父親看診的日子才來掛號，所以輪到他看診的日子很清閒。

但是後來沒多久，很明顯可以看到他父親在工作上的失誤。不論是看診或事務性工作，都已經大不如前。由於這家醫院沒有所謂的退休這回事，他說，要勸父親脫下白袍是一大難事。

即使當事人察覺到自己已經無法再看診，始終難以主動說出口。尤其自尊心強的醫師更是如此，縱使孩子想要勸退，說不定還會遭他斷然拒絕。

如果有退休制度，就可以先停下工作。之後有辦法繼續工作的話再繼續，而且已經過了退休的限制，想再辭去工作，隨時都可以停下來不做。

身邊的人要勸退他，相對地要容易得多。更何況當自己意識到已經是極限，再想到是該屆齡退休了，即使是自尊心強的人，也比較容易下定決心退下來。

退休，不過是放下一直以來的工作而已，並非人生的終點。這是一個展開新活動的契機。對那些向來只要沒做些什麼就不罷休的人來說，也是開始「什麼都不做」的機會。

成就工作的人際關係

工作上的人際關係，基本上只限於工作場合之中，對於共事者個人的私事一無所知，也不會有任何問題。因為重點在於做得了工作就行，其他像是在工作之外懂得交際應酬、或是合群等等，原本就與工作不相干。

懂得交際應酬卻做不了事的人，最傷腦筋。我認為年輕人注重自己的私生活，即使上司在工作結束後邀吃飯也懂得拒絕，其實是好事。

如果是有能力卻讓人不想與他共事的人，彼此不過就是工作上的往來，一旦離開那份工作，就不必再為那樣的人煩心掛念。

不過說真的，若能建立一段「如果是他的話，希望能與他共事」這樣的關係，工作起來也會感覺心情愉悅。

這樣的關係既不用知道一些個人的私事，說話的口氣也不必刻意像朋友那樣。想要與這個人共事，或因為能與他共事而感到開心的這種人際關係，與其說是工作上的關係，可以說更像是朋友關係。

因此，必須避免讓彼此職責上的差異衍生出一些問題，要維持對等的關係。

有時候親子之間的道理，不見得適用於上司與下屬的關係。孩子的成績不好，父母沒有責任。不用功讀書的結果，只會落在孩子身上，成績不好的責任只能由孩子自己去承擔。因為讀書是孩子的課題。

但是下屬的績效如果不好，老是失敗犯錯，上司卻不能說那是下屬自己的課題。這是因為上司的領導有問題，下屬才會屢屢犯錯、績效不彰。

有時候，即使下屬在適切的引導下也沒有成長，上司就非得找他來問問是否知道繼續維持原狀將會如何。儘管下屬對這些事也該心裡有數，但是上司找他談這些，不是為了責備他，而是要與他商量該如何發揮能力。只不過用這樣的方式去談，對方或許只會覺得遭受嘲諷、壓迫與挑釁。為了不讓對方有這樣的感受，平時就要與下屬建立良好的關係。

上司與下屬分別要擔負的責任也不同。下屬失敗犯錯了，上司也有責任。雖然也有上司會推說自己並沒有下指令，一切都是下屬自作主張，試圖逃避責任，終究還是說不過去。

然而雙方儘管有這樣的差異，上司與下屬還是對等的。難以接受這種想法的上司雖然很多，其實只要可以明白上司與下屬不過就是在工作場合中所扮演的角色不同，便能建立起對等關係。

由競爭到合作

如今，試圖讓下屬藉由競爭以提高生產力的做法已經落伍了。要說到競爭中的失敗者是否會努力想贏得下次的勝利，其實不會。他們的勇氣只會因此而受挫。

至於競爭中贏得勝利的人，則因為擔心下次可能失敗而總是提心吊膽。競爭是損害人類精神健康的主因。

競爭不僅對個人有危害，更會波及整個組織、甚至是社會整體。一旦進入競爭，有人獲勝的同時，必然有人失敗。以整體來看，一正一負的結果是零。

活在競爭中的人，認為先贏了再說，有人甚至會不擇手段。他們覺得就算說謊、走邪門歪道也無妨，只要贏了就好。

進入公司之後，升遷上的競爭更是激烈，一般考試根本無法相比。因為考試（前提是沒有任何作弊行為）是只要經過一番努力，便能得到相應的實力，進而通過考試。不過公司的人事問題，並不一定有道理可循，即使有實力也不見得能夠升遷。

認知到競爭的無謂，還有實力與升遷結果不是必然一致的人，對於升遷這種事毫不在意。並不是他們不想獲得升遷，而是他們心裡明白，升遷與自己個人的價值是不相干的。

另一方面，也有人認為升不了官就是失敗。如果是以公正無私的人事安排為前提，說起來，升遷不過是工作的結果，我們應該不光是為了升遷在工作。

競爭的壞處，就是當自己明白不可能從中獲勝的時候，便會放棄挑戰這項課題。工作不會總是一帆風順。可是那些不過就是結果而已，如果因為害怕失敗而拒絕挑戰任何事，便失去了工作的意義。

下屬之所以害怕失敗，一是因為不知該如何與上司應對。原本失敗時，該由上司扛起一切責任。但是很多年輕人因為太害怕失敗後遭到上司斥責，比起發揮自己的創意，寧可只做上司交代的事就好，實在很可惜。

那樣的人，隨著年歲增長，面臨退休的到來，對於往後的一切都必須自己做決定，沒有任何人會給予指示的現狀，將感到無比困惑。

別說要盡情享受自由了，對他們來說，簡直像受著自由的懲罰。這樣的自由，不但無法讓自己解放，反而加重了人生的苦。

人為何要工作

有一次，我到某企業研修活動演講。過程中，一位原本看起來不太專心聽講的公司幹部突然傾身向前，開始聽我說話。

當時我正說到，**人不是為了工作而活，是為了活著而工作**。所謂的為了活著而工作，當然不是指謀生的意思。只是包含這件事在內，如果學校畢業之後，一天的生活之中有大半時間都為了工作而度過，那麼，會有著工作優先於其他任何事，或我們是為了工作而活的這種想法，可就一點也不奇怪了。

哲學家三木清對照成功與幸福這兩件事。他說，**相對於幸福是一種存在，成功則是一個過程。為了成功，必須要達成某些事才行，然而人們原本就無須達成任何事，活在此時此刻的本身就已經是幸福了。**

因此，「人們為了活著而工作」其中所說的「活著」，意思是「幸福地活著」。

此外，雖說「人不是為了工作而活，是為了幸福地活著而工作」，其實不論工作與否，人都是幸福的。所以嚴格說來，人並不是為了要活得幸福才工作。做工作這件事本身就是一種幸福，不過就算沒有在工作一樣可以是幸福的。

當然，工作到快樂得不得了的人也是會有。如果不說工作，我們試著將同樣的問題套用在吃東西這件事來看看。人究竟是為了吃而工作，還是為了工作而吃呢？

針對這個提問，應該有人是毫不考慮就說是為了吃而工作吧？會那樣回答的人，認為吃是一件快樂的事，吃著美食的時候會感覺到生命的價值。因為工作、因為吃東西這件事而無比開心的人，想必毫不猶豫會說是為了工作而活吧？

另一方面，要是覺得工作毫無樂趣，感覺不到幸福的話，就必須思考一下，自己將工作定位在人生中的哪個位置。比方說，有人覺得自己為了工作鞠躬盡瘁，卻活得很辛苦，或是雖然工作得很快樂，但每天就只能想著工作這件事等等，這些人都必須重新審視自己的工作方式與態度。

儘管不是積極地想工作，卻為了生活迫於無奈，甚至要犧牲自己的幸福——這麼做，毫無道理可言。

如果認為「為了生活，所以不得不從事自己不喜歡的工作」，這樣的想法對企業來說，正中下懷。

為興趣而工作雖然也很好，但如果為了賺取足夠的金錢以支持興趣，持續做著讓自己痛苦不堪的工作，實在不能說是一種理想的狀態。

如果是一個知道該將幸福擺在工作前頭的人，實際上，即使退休之後再從事其他工作，相信是有辦法以不同於過去的態度去應對。

即使退休了，只要不受限於非得工作不可的想法，既能毫無拘束地考量工作這件事，也可以在退休後採取一種與過去那段人生截然不同的工作方式。

目前還在工作的人，或許不會去思考這些事，**退休之後，自己必定要好好思考工作的意義。**

個人的價值不在於生產力

在那場企業研修活動中，我更進一步提到了「個人的價值並不在於生產力」這件事。

由於現今社會完全認定所謂的經濟效益、工作效率和投資報酬率最重要，於是從各層面及意義來看，若是無法生產些什麼的話，就會被認為是沒有價值的。

過去曾經發生這樣的事件，有個人認為人只要身體有殘疾，什麼也做不了的話，就沒有存活價值，所以他殺害了多名殘障者。儘管這是個極端的特例，但是我想，心裡認為「那些什麼也做不了的人毫無價值」的人恐怕不少。那個殺傷他人的嫌疑犯所持的藉口，就是有一定數量的人支持他所做的事。

以生產力來看待他人價值的人，看來似乎從未想過自己有一天也會因為年紀大或生病而突然有很多事沒辦法做。

然而，只要有過一次非住院不可的經驗，立刻能感受到自己的價值觀開始動搖。

雖然沒有過親身經歷，也因為身邊有人病倒，或是漸漸感覺到自己的身體隨著年齡增長而衰退的人，即使過去是在生產力上尋求價值，想必也會開始思考哪一天當自己什麼也做不了的時候，該怎麼辦吧。

就算不是生病，也許是退休後沒有了工作，或是雖然還在工作，但是工作的質和量有了改變等等狀況一旦發生，就不得不重新思考自己原先侷限於能做些什麼事才有價值的想法。

工作的本質在於貢獻他人

要說到工作是為何而做的話，我認為是為了貢獻他人。前面提到過，要如實接納自己，必須擁有貢獻感。我們藉由工作，就能擁有貢獻感。只要能夠擁有貢獻感，就可以認定自己的價值，進入人際關係中。由於人們可以藉此感受到幸福，所以藉由工作貢獻他人就可以獲得幸福。

雖然有人將貢獻解釋為「為了他人奮不顧身」，其實並非如此。即便是工作，或是位居某個必須擔負責任的職位，如果因此而過勞死的話，真不知道是為了什麼而工作。

有人試圖犧牲自己，照亮別人。儘管我並不否定那樣的行為，但也不能說因為那樣的行為很了不起，就要求別人也跟著照做。像這樣的行為，阿德勒心理學稱之為「中性行動」。

這裡所說的貢獻，絲毫不會讓人感覺到是犧牲自我，甚至毋寧說是不以工作為苦，而是樂在其中。

就此意義來說，如果不能感到對某人有所助益，即使獲得再大的報酬也無法得到幸福。更不要說不僅沒能成為他人的助力，反而犧牲了他人而獲利時，是感受不到幸福的。

只不過，有些時候即使擁有貢獻感，卻是在被迫長時間勞動而沒有獲得相應報酬的情況下，確實也會成為問題。在考量所謂的工作究竟是怎麼一回事時，將因為是否真正喜愛自己所從事的工作，還有這份工作是否對他人有所貢獻而影響日常的生活態度。

有位年輕人表示，目前所從事的工作無法讓自己有貢獻感。收入雖然多，但這份工作卻是建立在多數人的不幸之上。儘管有人從不考慮這些事，只要可以賺錢，什麼樣的工作都能做，但是他卻辦不到。因此，他說想成為醫生或律師。也因為這樣，非得要讀大學不可。於是我說，那就只能努力準備考試了，他卻又說辦不到。因為他說每天工作到很晚才回家，即使試著要讀書，卻立刻覺得疲倦想睡覺。

如果他是以成功為目標，希望成為醫生或律師的話，一旦感覺到讀書很辛苦，可能就會中途放棄。因為他只在意自己。換句話說，他只是為了自己而讀書。

對他而言，重要的是收入是否豐厚，還有他人如何看待自己，如果是因為想找到能滿足上述其中一項目的，甚至最好是兩者兼具的工作而決定要成為醫生或律師的話，關於這樣的決定，我應該會勸他重新考慮一下。因為這兩項工作之間的相似度並非大到可以將它們拿來當成二擇一的選項。就如同參加大學考試時只考慮錄取率的考生，不論商學院也好、法學院也罷，總之只要進入有名的大學就行。事實上，畢業於商學院或是法學院，往後的人生是大不相同的吧。

我有一位朋友在四十五歲左右突然辭掉了工作去讀醫學院。他原本走的是世人都認定為成功者典範的人生路，但是他從年輕時就想成為醫生，也因為那些以醫師身分貢獻社會者的生活態度而受到很大的影響。所以他做出了重大決定，要成為醫生。他並非看準了可以在社會上飛黃騰達才下這樣的決定。如果還年輕，轉換跑道應該是相對比較容易的事，四十歲的話，想必有很多人就算有哪些想做的事也會躊躇不前吧？

阿爾伯特·史懷哲原本是神學家、哲學家，也是管風琴演奏家，突然之間決定前往非洲。當時的他三十多歲，集學者、藝術家身分於一身並過著忙碌生活的同時，為幫助非洲人開始抽空學醫。他之所以進入醫學院，與其說是對醫學的興趣，更多的是因為人道主義的理念。

教他管風琴的老師——魏多（Charles-Marie Jean Albert Widor）在遭受旁人責問為何沒有阻止史懷哲的時候，是這麼說的：

「似乎是神在召喚他。既然是神的召喚，我又豈能試圖做些什麼呢？」

現在用「天職」這個說法的人或許很少，在英文中稱之為「calling」，德文則是「Beruf」。兩者都是「被神召喚」或「神的呼召」的意思。

我的朋友如果不是有著助人的這種強烈意念，要在平日生活中排入讀書考試這些事，相信並不容易。

如此擁有使命感，將自己工作視為天職而勞動的人，與那些因為覺得有義務才做的人，工作態度不一樣。儘管雙方都是認為「非做不可」而去做，但後者不論是受迫於他人，或是給自己壓力必須去做，都不是自動自發主動去做。

用盡義務的方式去做工作，是很無趣的。如果是從年輕開始就從事自己喜歡的工作，感受到工作喜悅的人，即使是為了生活，相信也會因為退休後可以繼續工作而開心，而不會認為是「非工作不可」。

另一方面，將工作當成義務在做的人，還有雖然不是當成義務，卻認為理所當然要做，所以將工作視為生活主軸的人。其中的差異究竟從何而來？

有一件事，不論套用在研讀任何學問上都可以。讀書要能夠持之以恆、不半途而廢，首先必須可以感覺到讀書和學習是快樂的事。獲得新知，應該是會讓人心靈躍動的。各位在小時候不也是好奇心旺盛，對於想知道的事，會去問父母或自己去探索嗎？

不久之後，開始要記住一些東西，或一旦要接受考試、有分數評比了，有些人就不再像小時候那樣覺得讀書是快樂的吧。但即便是為參加考試而讀書，還是有人可以樂在其中。他們一樣要記住這些不知道的東西，而且因為是考試，如果不能拿到比他人更好的成績就無法錄取，換言之，入學考試也是一種競爭。但是認為讀書有趣的人，他在讀書的時候應該不是想著要贏過他人這件事。

其次，要說到是為了什麼而讀書的話，我們必須知道，不是只有為了自己。

我也會對年輕人演講。有一次，我到一所每年都有許多人考上京都大學與東京大學的完全中學去演說。據說在那所學校裡，才剛入學不久，學生之間的話題已經開始繞著「升大學要怎麼辦？」或「打算參加哪所大學的考試？」這樣的話題打轉。

談論著京都大學、東京大學還是醫學院等等話題的學生，不會問要讀些什麼。我甚至會覺得，他們該不會只是想要有個京都大學或東京大學畢業的學歷而已。如果是以醫學院為目標的學生，當然很清楚要讀的是醫學相關的東西。但是說不定，他並沒有想過為什麼要當醫生。總之，就是想著努力為考試做準備、考進醫學院、畢業之後只要通過國家考試，就能成為醫生。其他事情不必多想，埋頭苦讀就對了。

我曾經對考生的父母談到過「到底是為了什麼而讀書」這樣的話題，還有「讀書是孩子的課題，所以父母不該插手干預孩子讀書的事」。結果竟有人表示「考試之前不可以動搖孩子的心志，說這些沒有幫助的內容，令人感到困擾」，使我大吃一驚。

對他（她）們來說，讀書或許就只是為了考上大學的手段。其實不只限於醫學院，進大學之後要讀的東西比準備考試更重要得多，也更加難。不是只要通過國家考試就能成為醫生。要成為優秀的醫生，需要不斷地鑽研學問、累積經驗。通過考試之後，才更是非讀不可。

能夠想著自己希望從事的工作，在某種層面來說是對他人有所貢獻的話，即使讀書準備考試很辛苦也會努力堅持下去。

任職於公司的人也一樣。無法因自己所做的工作而擁有貢獻感的話，將難以持續下去。這樣的貢獻感，不能以量來計算。而且當事人自己是否擁有貢獻感，旁人或許很難得知。

不過，所謂的貢獻感是怎麼一回事，不用對那些從小就有機會貢獻的人解釋，他們也能懂。相反地，要對不曾貢獻他人的人說明什麼是貢獻，簡直就像在嚴冬酷寒當中要人切實感受夏日盛暑一樣地難。

就讀明星學校的學生當中，有些人是可以不做家事的，因為他們的父母認為只要用功讀書就好。考試時間一接近，為了不影響孩子讀書，將電視音量關小、刻意壓低聲音說話，就像是對待身上的腫瘤一樣。

這些誤以為只要讀書就能擁有特權的人，在外面一樣只會想到自己。有一回搭電車的時候，車門才剛打開，就有一名小學生不等下車的人出來，一溜煙地便想鑽進車廂裡。可能是因為待會要到補習班，非得坐下來寫功課不可吧。我阻擋了他的去路，不讓他立刻進入車內。

只在意自己的事而不能顧慮他人，這樣是不行的。如果有才能的話，希望可以想想如何將它發揮在他人身上。獨善其身的菁英，只會危害社會而已。

貢獻他人純屬個人行為

說到必須擁有貢獻感，這純屬個人的選擇。**貢獻感是個人的感受，公司硬要強迫員工那麼做是不對的。**阿德勒用了「壓榨貢獻感」這樣的說法。因為這是濫用想要貢獻他人者的善意。

會關懷他人的人，自可以藉由貢獻他人而感受到喜悅，不必任何人強迫也會主動把工作做好。不可以濫用他們的貢獻感。

在工作上感覺自己有所貢獻是很重要的，我認為最理想的狀況是完全忘記這一點，單純只為了自己正在做的事感到喜悅。就自己可以感受到喜悅這層意義來說，如果原本是為自己而做的事最後能對他人有貢獻的話，那麼就連對貢獻這種說法有所抗拒的人也能欣然接受了。

即使退休後延長雇用期，做著以過去的地位與資歷難以想像的工作，只要是一個能夠因工作而擁有貢獻感的人，在他往後的人生裡，想必也不會對自己正在做的事感到不滿。

當然，還是希望可以從事一些發揮過去職涯經歷的工作，但企業往往會將一些非他們所願的工作塞給退休的人並大幅刪減薪資，我認為這是不對的。

會做出這樣決定的人，應該覺得是在為公司著想吧。他或許還沒想過有一天當自己也面臨這樣的狀況，公司同樣會大砍他的薪水。努力改革現狀，不是只有即將面臨退休的人要去做，現在還在職位上的人也有責任。

目標在此時此刻

所謂的目標，聽起來彷彿是未來，其實目標就在「此時此刻」。《被討厭的勇氣》（共著者：古賀史健）一書中，以「導引之星」來說明貢獻他人這件事。也就是旅人為了不迷失方向，以北極星為指標。只要不錯失這顆導引我們的星星，就不會迷路。

不論是工作還是過生活，在思考自己現在究竟為何而工作、為何而活的時候，不斷想起其目的是要貢獻他人，就是在確認導引之星的存在。

書中的年輕人說，這顆星星不在遠方，就在「上方的領空」。也就是說，**即使沒有成就任何事，眼前如此工作、過生活，就已經對他人有貢獻了**。

這並不是說什麼都沒達成也沒關係，而是說做著工作的每一天，不必非達成預計要完成的那種目標不可。如果只設定成功為工作目標的話，要是不成功，便失去了工作的意義，無法在工作的每一天擁有貢獻感。一旦抱持那樣的想法面臨了退休，無法擁有貢獻感之外，也沒辦法認定自己的價值。

這正呼應了前面提到過的三木清對成功與幸福的區分之說。**因為成功是過程，非得達成某些事不可；然而幸福是一種存在，即使沒有達成任何事，此刻即是幸福。**

可以說，即使不追求成功，只要知道自己的工作將以某種形式傳達給他人，就能從中感受到工作的價值。只是一般不太容易見到他人手中持有自己所做的東西。我雖然寫過很多本書，卻很少有機會與讀者當面討論自己的著作。賣出了多少本書，雖然是自己的著作送達多少人手中的一項參考指標，**但暢銷卻不是貢獻感的來源。寫書的時候，我總是想著這本書如果可以送達需要的人手中，進而改變他的人生，哪怕只有一個人都好，我就心滿意足了。**假使是以暢銷書為指標去寫作的話，就只是希望獲得成功受到肯定而已。

那麼，說到即使被減薪也能在工作期間擁有貢獻感，可是當有一天無法再工作的話，是否就沒辦法擁有貢獻感了呢？其實還有很多事，是我們必須再思考的。

第 *4* 章

與家人、社會的關係，你怎麼想？

所有喜悅都來自於人際關係

人際關係很麻煩，只要與人有瓜葛就避免不了摩擦。也就**如同阿德勒所說的「所有煩惱都是人際關係的煩惱」，人際關係可以說是煩惱與不幸的根源。**

可以與家人同住、和兒孫一起過日子固然開心，但總是在一起的話就必須配合身邊這些人，有人會因此感受到壓力。所以也有人說，獨居者的滿意度較高。

然而就像前面也看到過的，生命中的喜悅或幸福，也只能透過人際關係去感受。並不是說非得和誰在一起、非得跟誰結婚不可這樣的意思，而是因為一切的出發點來自於人們活在與某人的羈絆之中，其中既有煩惱，也有喜悅。

就算覺得與他人有瓜葛很麻煩，害怕因此而受傷，打算孤單一人過日子，也無法擺脫與他人的羈絆。因為所謂的孤單，是以他人的存在為前提，如果這世上當真只有一個人活著，根本不會有孤單這樣的說法。

害怕人際關係，想避免進入其中的人，其實也在追求與人的羈絆。實際上，應該沒有哪個人是活在與他人毫無關聯的生活裡。

沒有人希望在這樣的羈絆中變得不幸，只是彼此的關係有可能一時之間會惡化。而修復與改善關係的努力，也關係到生命的喜悅。前面也寫到過，關於結婚這件事，不見得如許多年輕人所期盼的那樣，必然是快樂結局。

交往時偶爾碰面，只覺得像節日慶典，盡是令人開心的事；結了婚，慶典活動轉為日常生活時，不可能總是向對方展現好的一面，每天面對面，衝突是必然的。但儘管如此，就算發生了那樣的事，也不可能馬上就離婚。

與他人的羈絆將化為喜悅，可以套用在任何關係之中。對於退休後的人生感到茫然不安的人，除了在意金錢與健康面之外，因為要進入不同於過去的人際關係，想必壓力也很大。對於不曾經歷過的事物，是會感到不安。

但是，退休後要建立人際關係，不見得必然遇上挫折。原本一開始讓你覺得囉嗦煩人或痛苦的關係，應該也有可能轉變為令人感到喜悅的經驗。為了在退休之後可以感受到人際關係的喜悅，除了付出努力之外，還要改變自己對於關係應有樣貌的想法。就如同「不是某一天迎接退休之日到來，立刻就無事可做」一樣，退休後，過去的人際關係不會全都不見，也不是一定會變糟，並不會發生如此讓人恐慌的事。

與社會聯結是怎麼一回事？

雖然說是社會，實際上也是意味著人際關係。阿德勒稱呼社會為「共同體」。**共同體的最小單位是我和你。阿德勒所說的共同體，是從我和你這種最小單位的關係開始，進而擴大到宇宙**。對於一直以來都在公司工作的人來說，公司說不定就是自己所屬的最大共同體吧？

當然，這裡並不是沒有將社區或國家納入考量，而且不納入的話也做不了工作，只是很多人都認為自己所屬的共同體是公司，在自我介紹的時候，大多會先說出公司的名稱，也是可以理解的。

由於公司這樣的共同體在退休之後會消失，一方面必須在家庭、另一方面則是要從社區等處找到自己的歸屬。一開始，當原本每天待最長的時間找到生命價值的公司不再是自己的歸處時，相信有人會產生強烈的失落感吧。

退休後，將無法再漠視家庭與社區中的人際關係。假使退休前後都是一個人過日子，儘管不會有夫妻關係的問題，但是與年邁雙親的關係，就要比過去思考得更加周全了。

至於社區的人際關係，如果不是那麼地緊密，應該也不會是什麼大問題。

問題在於前面也看到過的部分，就是公司的人際關係將會消失。不論是獨居，還是與家人共同生活，公司的人際關係一消失，公司以外的人際關係樣貌也會隨之改變。

失去了公司的人際關係，或是知道遲早都會消失的話，該如何建立並聯結家人、社區關係，將成為退休後的重大問題。

所謂與社會「聯結」是什麼意思？阿德勒用的是「夥伴」這個說法。這個字的原文是德文的 Mitmenschen，意思是人（Menschen）與人相互聯結，共同（mit）在一起。

但是，有些人不覺得他人是必要時會援助自己的夥伴，所以認為他人與自己互不相干，甚至是對立的。那樣的人，不將他人視為夥伴而是「敵人」。用德文來說是 Gegenmenschen，也就是人（Menschen）相互對立（gegen），敵對的意思。

將他人視為仇敵的人，認為他人是伺機要陷害自己的可怕對手。即使在情感上沒有特別厭惡的感覺，但是**對向來待在「不能由競爭中勝出便無法攀升」的公司裡的人來說，他人就是「敵人」**。儘管對那些不會（或不能）在工作上找到任何重大意義的人來說，他們與共事者的關係，說不定還沒有深厚到相互對立的程度。但不論程度如何，有些人在生活中就是會去思考對方究竟是夥伴還是敵人。

關係為何會改變？

習慣這種思考模式的人，退休後與社會之間的聯結，例如在家中是對配偶、或在社區中對鄰居，將以同意的尺度試圖去判定對方是自己的夥伴或敵人。

當然，也會有不聯結的選擇。要不要進入人際關係？如果要進入將以何種形式？換句話說，必須要決定與他人靠得多近，或是保持距離等等態度。

無論是以哪種形式，如同前面所看到的，人無法獨自活在這世上。如果要將關係最小化，就必須以不同於過去在公司裡採取的方式去建立關係。當然，是沒有理由說不能像過去在公司那樣以一種保持距離的態度去建立關係，只是如果那麼做，可能會出現一些棘手的狀況。

尤其是將父母、孩子或配偶視為敵人的這種想法，本身便是個問題。就家人的意義來說，即使不視他們為敵人，但如果也無法當成夥伴來看待，就會如同前面提到過的問題，意味著自己與家人之間並非處於對等的立場。想要感受到相互聯結的關係，認為彼此有需要時會互相伸出援手，就必須以對等的態度看待彼此。關係不對等的人，我們應該無法視他為互有關聯的夥伴吧？

雖然已經無法繼續建立與退休前一樣的人際關係，卻有人依然執著於公司內部的職稱或地位，將上下關係帶進家裡。這麼做肯定行不通，而且會動搖家庭中的人際關係。

然而就我的理解來說，過去工作時所建立的人際關係，實際上與退休後的人際關係並不會有很大的差異。的確，離開了組織單位便離開了只有身在其中才用得到的職權，但是退休前與退休後在根本上是相同的。因為就算是工作，其根基還是存在著朋友關係。

並不是說不知道個人的私事，就無法一起工作；也不是不考慮人性或人品、只管扮演工作上的角色，就沒辦法成就大事業。在工作上扮演什麼樣的角色是很重要沒錯，說得極端一點，不論是一個多麼令人討厭的人，只要他有能力就可以在同一個計畫案裡共事。

但是，工作的時候與誰搭檔，會是個重要的問題。不論上司或下屬，當然希望與有能力的人共事。所謂的有能力，雖然意味著工作上的能力，不過任何工作都無法與人際關係完全切割。如何與顧客（如果是醫療方面，就是患者）應對，固然是其一，能夠與同事協調合作更算是工作能力的一部分。

意思不是說在工作場合之外也必須保持良好關係。如今這個時代並不是工作做不好沒關係，只要交情好就是好搭檔。所謂能夠與同事協調合作，指的是確實完成自己的工作、知道工作是團隊行動、不搶功勞、不將個人情緒帶入工作等等不用多說且理所當然的事項。所以只要有一個人不合作，工作就會變得乏味。

一旦考量到這些，其實關係到人際關係建立的人性與人品，也可以說是與工作上的角色無法分割了。從事業務工作的人，不可能出現明明有辦法與顧客建立良好關係，卻無法和同事或上司和睦相處的狀況。

非得要說服自己「我跟這個人只是工作上的關係，不必當朋友」才行的話，可以說正好成為工作關係與朋友關係無法切割的佐證。

工作上想著希望與這個人共事時，就已經超出工作上的角色關係，以個人的身分與他人有了聯結。更進一步來說，卸下角色的面具，在人與人的羈絆下工作的人，可以說上司對下屬（下屬對上司）便是以對等的態度看待對方了。

不過，**退休之前拘泥於自己的職責而無法卸下面具的人，因為在職場上沒能建立朋友關係，總是以敷衍的態度蒙混過關**。為此，退休之後明明已經不再需要面具，他們還是拿不下來，執著於上下關係之外並試圖帶入人際關係中。這麼做，只會招致他人厭惡，而他自己卻不明白為何在這段新的人際關係中不受歡迎。

在家庭內也會發生同樣的事。職場上受人敬重的上司，照理說不該在家裡被眾人孤立才對，恐怕這種不被接納的狀況並非退休後才開始的吧？相信他在退休前應該也是執著於上下關係，戴著父親或丈夫的面具在過日子。

過去在公司上班的時候，或許可以選擇只活在工作關係之中。一旦退休後沒了工作，不論與任何人都將是朋友關係。於是，不知道如何建立朋友關係的人便立刻遇上了難題。

說是朋友關係，當然還是有親疏之分。與鄰居或不常往來的親戚雖然也算是朋友關係，卻不是一般我們所說的朋友。

再來，與配偶、父母或孩子的關係，尤其是夫妻關係比朋友更深更親近，要建立良好關係很不容易。過去雙方之間還會有公司或工作介入其中，一旦離開了工作，就必須與配偶直接面對面了。像是兩人要如何度過休假日、孩子的教育出了問題等等狀況，如果是在過去，必須將工作的部分納入考量。例如：因為有工作所以沒辦法去，或是孩子的教育委由其中一方全權處理之類的。

只不過，原本就不該以現在工作忙碌為由，迴避與配偶或其他家人之間的關係。過去也許曾經將自己在家脾氣不好、煩躁的原因歸咎於工作並以工作為藉口逃離，退休之後可就行不通了。

雖然公司的人際關係根基裡有著朋友關係，但並不是因此就不能無視於朋友關係而採取公事公辦的態度，在工作上劃清界線。

可是在家裡，配偶關係根基下所應有的朋友關係如果發展得不順利，你便會發現到無法與配偶建立關係。而且退休後必須面對配偶時，雙方在過去因為工作而束之高閣的愛的關係就會浮上檯面。

這樣的狀況雖然可能危及兩人的關係，但是相對地，只要可以建立起新關係，還是有機會變好。不過要是不明白如何建立關係的話，也許就有些棘手了。

然而就如同其他關係也一樣，即使一開始無法建立良好關係，只要付出努力而且不讓工作介入其中，將為彼此關係的改善帶來好的影響。

為建立對等關係

前面也看過，我們必須先與對方建立對等的關係。要視他人為對等的存在，**必須以存在、存活於這世上來看待人類的價值**。頭銜或社會地位根本毫不相干，當然，那些事在家庭裡也不具任何意義。

即使收入減少了，身而為人的價值不會減損，退休前與退休後，自己在家中的重要性也不會因此有所改變。而且必須知道，無論能否做些什麼，甚至今後因為年紀或疾病而有許多事再也做不了，絲毫都不會減低自己的價值。

待在家中的時間一變長，之前不太動手處理的事也不得不去做了。

有些人以往過著以工作為中心的生活，免去了許多家事。換句話說，一直以來受到特別照顧的這些人，退休後就必須脫離這種被寵愛的日子。

聽到有丈夫在退休之前，總是將出差要用的東西全部交代太太去準備，甚至連提款機都不會用，實在令人訝異。至少也要先懂得處理自己身邊的事或家事。因為即使是結了婚的人，也不知道配偶哪一天會先走一步。

家中的角色，並不是依性別硬性規定。我認為，每個人只要做自己擅長的部分就可以了。認定唯獨自己享有特權的人，是童年時期就在溺愛下成長，認為自己是家庭裡的中心人物。**要在共同體之中感覺到有自己的立足之地，就如同我們一再看到的，是人類的基本需求。但是這卻與自己位居共同體中心的想法完全是兩回事。**

為了擺脫這種以自我為中心的想法，必須要明白，他人（退休後就是家人）並不是為了滿足我們的期待而活。由於我們自己也不是為滿足他人的期待而活，所以也要抱持相同的態度。

雖然這是理所當然的事，但是常常可以看到從小就在溺愛下長大的孩子，即使長大成人後，依然認定身邊的人是為了滿足他的期待而活。

以自我為中心的人，在職場裡就算遭人厭惡，或許還能保有立足之地。但如果在家裡以自我為中心的話，是沒有任何人會認同的。

朝向愛的關係

如何才能擺脫以自我為中心呢？**唯有藉著開始去愛他人，擺脫自我中心的想法並由此得到解脫**。當心中認定他人是為了滿足自己的期待而活時，只要他人無法滿足自己的期待，就會因此而感到忿忿不平。一旦開始愛上某人之後，便會發現兩件事。

即使自己喜歡某個人，對方不一定會回應你的心意。藉由這樣的經驗將首次發現到，**這世上存在著一些不順從自己心意的「他人」**。這是其中一件。

另外一件事則是明白到儘管他人不順從自己的意願、不滿足自己的期待，依然**不是你的「敵人」而是「夥伴」**。

這句話的意思，如同前面也看到過的那樣，要知道人與人之間是相互聯結的關係。小孩沒有母親的照料便無法存活，養育孩子的母親則接受丈夫的協助，然後丈夫見到孩子熟睡中的臉龐，因而得到療癒。就像這樣，人與人是聯結在一起的。

孩子們一開始只是單方面接受愛，不久之後便學習主動去愛父母。像是為他們畫畫、寫信、送禮物給他們等等。

不過，學習去愛，必須要跨越一大步。因為孩子們什麼都不必做就能被愛，但是要愛父母或身邊其他人則需要在意識上做個決斷。即使長大成人後也不懂得愛人的人，就是小時候受到溺愛的結果。

至於大人的部分，一被人家說討厭就立即放棄的話，不能說是愛著對方。那樣的人，只想著被愛而已。打個比方，即使自己的心意不被對方接受，仍然決定繼續愛他，就不會只想著對方可以為自己做些什麼，而是會思考自己能做些什麼，這才是真正成熟的愛。

退休後的人，會與配偶或年邁的雙親相互對峙。這種關係屬於愛的關係。

免疫學者多田富雄因為腦中風而病倒時，撿回了一條命卻失去聲音，而且右半身麻痺。努力做著復健的多田，心裡想到了妻子。

「對了，不是還有一個人伴我同行嗎？於是我想，那就活下去吧！」（多田富雄《寡黙な巨人（暫譯：沉默的巨人）》）

察覺到這樣的事，不是只有在生病的時候。彼此在過去因為工作、養育子女的關係，各自忙碌到少有機會深入談話或一起行動的夫婦，迎接退休之後，關係便改變了。

大多數的妻子會因為丈夫總是忘不掉過去在公司上班的事，即使在家也打算維持上下關係的模式，而且不願意拿下面具而感到為難退縮。甚至也有人考慮與丈夫離婚。

然而丈夫要是可以視妻子為夥伴，能夠建立一段拋開過去的新關係，想必往後的人生將有所不同吧。

過去因為工作，與許多同事處於激烈的競爭關係中，恐怕很難像阿德勒所說的那樣，視他們為「夥伴」。但是進入人生新境界，與配偶或年邁雙親所構築的關係是朋友關係，更進一步來說，是愛的關係。

凡是視他人為敵人，無法以對等態度看待他人的情況下，退休後的人際關係想必是難熬。如果開始活在成熟的愛的關係中，退休後的人生就不會那麼辛苦。當然，關鍵就是努力建立良好的人際關係。

獨自一人是孤獨的嗎？

曾經有年輕人對我提到害怕孤獨死去的事，讓我感到驚訝。當無法再活很久這件事並非想像而是成為現實時，有人害怕孤獨死去或許是人之常情。相信也有人想到的是另一半現在雖然一起生活，但說不定什麼時候可能比自己先走一步而活在擔憂之中。

下一章節將會看到，所謂的未來是「還未到來」嗎？說得直接一點，是「不存在」。對於根本沒發生的事感到擔心害怕，其實沒什麼意義。會發生的就是會發生，不會的就是不會。既然如此，活在今後可能會發生的這種憂慮下也不具任何意義。

有一位女士照顧罹患頑疾的丈夫，醫生宣告說這個病一定會再發，她問我，往後的日子該抱持什麼樣的想法去度過。我的回答是，會不會再發、或是如果再發又是何時，這種事情就連醫生都說不準。既然如此，不該因為擔心那一天的到來而糟蹋了與對方共度今日的喜悅。

時常聽到有人喪偶之後開始過著獨居生活，並因此飽受孤獨寂寞之苦。該如何避免這樣的情形呢？雖然曾看過有人提議說，因為孤獨、悲傷或寂寞這樣的負面情緒會在空閒的時候湧現，所以只要有意識地排除這些空檔，不讓自己閒下來就行了。可是這麼一來，好不容易可以離開工作、自由自在過日子的這個階段，卻變成又得去盡力做些什麼才行。

其實不是要刻意讓自己閒不下來，而是不要去思慮未來，過著充實的每一天就好。至於為何能夠這麼想，待下一章節再來仔細看看。

如果要問獨自一人是否就會感到孤獨，其實未必。雖然相愛的兩個人會想要在一起，但要是說沒有一直在一起便無法滿足的話，就太奇怪了。那種狀況是依賴，而不是愛。一個人也能過日子，不過兩個人在一起會比較開心，這才算是真正的自立。

心愛之人的亡故

三木清說：「隨著心愛之人、親友亡故人數的增加，對於死亡的恐懼則相對變得淡薄了。」（《人生論筆記》）

有一次，在電視上看到一位七十多歲的男士談到自己的太太前不久過世了。「工作什麼的，根本就無所謂。」從男士的這句話裡，可以知道他非常愛他太太。

對於此刻的他而言，死亡這件事或許一點也不可怕。因為很明確的一件事情是他在有生之年絕對再也見不到已故的妻子，可是他卻可以抱持一個希望，也就是死後或許能再見面。

三木接著又說：

「假設有機會與他們重逢——這是我最大的心願——恐怕也只能在我死後了吧。我知道，就算我再活上一百萬年，此生此世是再也見不到他們的了。那機率是零。」（《人生論筆記》）

當然，死後是不是必然可以見到故人，或許很難說。只不過，倒也無法斬釘截鐵說那機率是零。

三木要說的是，如果非得在「此生重逢？」與「彼岸相見？」之間下個賭注的話，除了後者之外別無選擇。我也是這麼想。

三木的妻子很早就因病去世了。由於他深愛著妻子，相信在她死後應該是常常想念著她。對於故人，我們再也看不到、聽不見也摸不著。但是每當想起故人，可以感覺那人一如生前仍在身旁。想必三木也是在這樣的時刻，確信妻子的永生吧。

擁有這種確信的人，應該也能堅信那個自己愛得執著的人，在自己死後也總會想起自己。

三木還說：

「我若有真心摯愛者，那將是我永生的約定。」

第 *5* 章

為了「是」幸福的

非「變動式」而是「實現式」的人生態度

有些人會做人生規劃。說到他們何以認為人生可以規劃，是因為他們覺得能夠預估此後的人生直到未來。

然而要是在過去的人生路上或多或少經歷過一些磨難，至少有過一次自己想做的事沒能如願的經驗，應該就不會認為自己有辦法預見未來了吧？

即使偶爾失足、幾度受挫，年紀還輕的話，或許會覺得往後的人生應該不盡然都是艱辛難熬的。如果是有野心的人，相信更是不論現狀如何都會認為自己將有個燦爛的未來。

只不過，即便是那樣的人，還是很難對退休後的人生抱持希望。因為往後的日子將會如何，清晰可見，而且看不到有希望的未來。

年邁的父親，有一天這麼說：

「怎麼想，都是往後的日子比較短。」

若能保證日後必定長命百歲，也許會想要規劃人生。但是一想到往後日子恐怕不多時，便會覺得人生規劃既無意義，也不認同這樣的做法。

對於也有人說著人生百歲時代，而且毫不懷疑自己長命百歲的事，令我感到驚訝。有些人則認為迎接還曆之年（六十歲），是進入人生的第四階段。會這麼想的人，心中所想的人生應該不是百歲，而是八十年吧。

但是就算規劃了人生，實際上不按牌理出牌的狀況，不論是年輕時或退休後都一樣。年紀大了，或許有很多事再也做不了，但即使是年輕人，要是病了，也可能因此而做不到原來能做的事。

所以，我會勸這些為人生做規劃的人乾脆不要做了。因為人生既然不按規劃進行，實在想不出來這麼做有何意義。

之所以不建議做人生規劃，除了因為未來是看不到的、我們無法決定未來之外，還因為**如果做了規劃，「現在」就成了未來的準備期。我們無論是否達成了某些事，也只能活在此時此刻。**

亞里斯多德區別出兩種行動的種類。一種是**變動式**的行動，有起點與終點。這樣的行動必須盡可能講求效率。由於是為了到達某地的動作，如果中途停止了，這樣的行動就不完全。只要想像一下馬拉松，即可明白這是什麼樣的行動。

另外一種，稱為**實現式**的行動。舞蹈動作結束於音樂停止時，以結果來說，就算跳到很遠的地方，但應該沒有人是為了要去到哪裡才跳舞的吧？

不是為了抵達哪裡而跳，是唯有此時此刻跳著舞感到開心，才有意義。

那麼，**要說到活著這件事與哪一種相近的話，就是實現式的行動**。活得有效率，並沒有意義。由於任何人都必然會死，所謂活得有效率，就是變成盡快去死。想必沒有人是想著要快點去死而活著的吧？

認為人生就是訂定計畫、然後付諸實現的人，也是打算盡可能活得有效率的人。那樣的人不喜歡白費工，討厭繞遠路。然而試圖達成目標的分分秒秒就是我們活著的每一刻，人生中沒有哪一件事情是白費工的。有時看似是繞遠路，其實不盡然，當我們知道眼前只有這條路可走的時候，對於人生的態度也會改變。

也就是說，現在並非為達成未來目標的準備期。即使沒考上理想的學校，身為重考生，或是現在沒去上學而待在家裡，只有活在此時此刻的這段人生才是人生，**現在**

既不是未來的準備期，也不是在彩排。眼前活著的這一刻就是正式上場。退休後的人生也一樣，並不是謝幕後的人生，而是未完待續。

不是成功而是幸福

就像這樣，人生無論是哪個階段，都無法與其他任何階段做比較，也沒有價值上的高低之分。即使在某一段時期過著不得志的日子，但是將那段時期視為不得志，不過就是一般世俗的看法罷了。

有些人認為，即使年輕時不受矚目，中年時依舊過著懷才不遇的職場生涯，若是退休後的日子可以發光發熱，一切過往也將隨之改變，所以只要有個好結果，一切都算是完美的。我卻不這麼想。

如果要以最終結果來評斷人生，那麼底比斯國王伊底帕斯（Oedipus）的人生結局並不美好，難道他的一生就完全白費了嗎？不是的。

認為有了好結果就一切完美的人，認定人生中獲得成功就是好事。但是，以成功的觀點來看待人生，並不是唯一絕對的看法。

說起來，這樣的事原本不該發生，但是有人因為承受不了過勞而結束自己的生命，我認為不該以他人生最後的這件事來評斷這個人。又或者是發生了自己敬愛的父親突然因為涉嫌盜用公款而被捕這樣的事件。孩子如果是真心敬愛著父親，即使他被逮捕了，回顧他過往的人生與一切，對父親的心意應該是不會改變的吧。

蘇格拉底因為不相信國家所信仰的神、還有危害年輕人這樣的罪名而遭起訴判了死刑。因思想與信念被判死刑，在當時應該也算是相當具衝擊性的事件。但是蘇格拉底的思想之所以傳頌至今，並不是因為被判死刑，而是因為有許多人認同他終其一生在人前所倡導闡述的哲學理念。

希臘七賢人之一的梭倫說：「人只要活著，沒有哪一個是幸福的。」因為會與最愛的人離別、失去財產地位、晚節不保。但是，**人在任何時刻都是幸福的。不論是否達成了某些事，幸福與那樣的事根本毫不相關。**

年輕時立志要成功的人想必很多，但在不知不覺間環顧現實，才察覺到很難實現自己所訂定的成功目標。

那麼，該抱持怎麼樣的想法才好呢？其實只要不把成功當作人生目標就對了。如同前面所見，三木說，相對於成功是一種過程，幸福則是存在。三木在此提出的「過程」這個用詞，與一般所知的意思略不相同，其實意思就是說，相對於為了成功非得達成某些事而言，幸福卻無須成就任何事，**當下此刻「就是」幸福的**。

剛才看到過所謂的行動有兩種，變動式的行動有起點與終點。這樣的行動如果沒有抵達終點，就是不完全的行動。比方說，電車因為事故或災害的關係，在抵達目的地之前的那種動彈不得的狀況。藉此可以說明，成功就相當於這種變動式的行動。

實現式的行動就像跳舞一樣，跳著的每一刻都是已完成的動作。人生就如同跳舞，即使沒有在哪裡達成哪些事、沒有獲得成功，當下此刻「是」幸福，就已經代表一切。

三木還說，相對於成功是一種量化的東西，幸福則是質的概念。

例如，升官是成功？還是幸福？如果升了官，薪水會增加，是可以視為量化的成功。然而這不過就是升官的其中一個面向，不能單純只將升官當成是成功。從另一方面來看，也有人並不想要升官。

現在學校老師之中，以主管職為目標的人似乎也滿多的，不過並非每個人都想當主管。因為當上主管，教課的機會就變少了。當初就是因為想當老師，才會在大學裡修教育學分，為了通過教師資格考試而努力用功。一旦當了主管，沒機會教書的話，還真不知道為什麼要成為教師，是吧？我自己也長期教書，在教學上感受到喜悅。由於那樣的喜悅是一種質的幸福，我有許多朋友後來還是繼續在教書。雖然與退休前做著一樣的工作卻只能領原來的半薪是個問題，但是能夠有機會從事教學，是一件幸福的事。

只是有些人不知不覺間忘了初衷，開始與其他多數人一樣，以當上主管為目標，於是與其他教師爭奪主管的職位。一旦變成這種狀況，也可能因為年紀太大或什麼原因沒當上主管而立刻失去對工作的熱忱。一般企業也一樣，也會有技術部門的人想要擔任主管職務。

當然，是會有開始工作之後才轉移興趣到其他事物的狀況沒錯，可是我認為，當一個原本單純從工作中感受到喜悅的人開始考慮升官問題時，他的人生目標或許已經由幸福轉換為成功這件事了。

對那樣的人來說，退休後不要說升官了，就連原來所屬的公司職位都會失去，自己能否在生活中找到價值將是個問題。所謂的生活，雖然也包含做著與退休前不同型態的工作在內，但誠如本書探討至此的論點，**如果在退休前就能過著不以成功而是以幸福為目標的日子，即使退休後的環境有了大幅改變，自己的生活方式與方向應該也不會有巨大轉變。**

但是，對那些向來以成功、與人競爭為目標在過日子的人來說，即便今後打算不執著於量化的成功，想要改變生活方式追求實質的幸福，恐怕還是不免感到迷惘困惑。

事實上，不要說是退休前，人們打從開始工作就是以幸福為目標。而且不只是工作，生活中所有的一切都能以幸福為目標。也就是說，任何人都期盼是幸福的。依希臘哲學的觀點，不是人們可以選擇想不想要幸福，而是每個人都以幸福為目標，期盼可以是幸福的。只不過即使想要幸福，大家對於如何才能達成目標的想法上，意見並不一致。

此處成為問題癥結所在的成功，並不像三木所說的那樣，置於與幸福相對的位置，而只不過是達成幸福的手段。成功是否果真可以與幸福相連結，其實並非不證自明的真理。

古羅馬皇帝馬可・奧里略說過下面這段話：

「若對於無關善惡的事物漠不關心，則靈魂之中將有一股力量使人過著高尚的好日子。」（《沉思錄》）

所謂的無關善惡，是指該事物本身既非善也非惡。奧里略的《沉思錄》是用希臘文著作的。希臘文中的善惡，不具道德層面的意義。它的意思是有用處、或沒用處的。比方說，財產、地位、成功，甚至是容貌、健康等等，誰也不知道自己何時會失去這些東西。

相對地，奧里略認為生病、父母亡故之類的，一般認為是壞事的這些，其本身並不是惡。

大多數人認為何謂善、何謂惡，是不證自明的道理。因為認為升官、加薪是善，所以汲汲營營想升官。

反之，由於錯過升官的機會、退休離職而在競爭中敗陣下來、丟了工作而收入變少等等，則有許多人認為是惡。

不過，奧里略認為只要對於無關善惡的事物漠不關心，就能過著高尚的好日子。

奧里略用的是「高尚」這個用詞，給予奧里略重大影響的蘇格拉底則是用「好好地活著」這樣的說法。更進一步來說，就是「活得幸福」。

蘇格拉底與奧里略都認為，不論任何人都想要幸福。這是希臘哲學的大前提，並沒有希望變得不幸的選項。只不過在選擇如何才能幸福的手段上會有失誤。認為成功就是幸福，所以工作時以成功為目標，可能反而犧牲了幸福。

又或者，因為錯誤的使用方式而變得不幸。成功還是金錢本身並無善惡，但是有人因為獲得了成功，得到了鉅額財產，於是對金錢感到麻木，完全與過去判若兩人。

不論是否有錢、是否在公司裡有崇高的地位，想要過得幸福，很重要的一點就是不要被那些事情給綁住了。

能夠這麼想，即使失去了競爭中所贏得的地位、失去了工作，甚至是退休離開了公司，都不會因此而變得不幸。

活著就有價值

奧里略以「活著」這件事來說明無關善惡，也就是既非善也非惡。蘇格拉底則說：「重要的不是只有活著，而是要好好地活著。」

光是活著，並不算是好好地活著的想法是可以理解，但是怎麼樣才算是「好好地活著」卻不是不言自明的道理。再者，該由誰來判定也是個問題。

這裡的「好好地」，是「幸福地」的意思，但是因為疾病或年紀人而使得身體無法動彈，甚至失去了意識，是否就沒有活著的價值了呢？其實並非如此。

關於活著這件事，我認為不是無關善惡，而應該要當成絕對的善。雖然無法阻止任何人對我們有著「什麼也做不了的話，就沒有存活價值」的這種想法，但也不代表自己以外的任何人，或是國家可以就此判定「這個人因為什麼也做不了，已經沒有存活價值」，更不要說如果真有這樣的判定，實在是再危險不過的事。

對於不是在其他任何人的判定下，而是自認為什麼都做不了的話就沒有存活價值的人，我希望他們可以思考一下是否果真如此。

年輕時認為自己因為能夠做些什麼而有價值的人，年紀大了，對許多事無能為力時便覺得自己已經沒有存活價值，這是因為受到社會價值觀的影響。

剛出生的嬰兒由於什麼也做不了，為了存活，需要父母不斷提供援助。但是父母應該都是覺得孩子只要活著，就已經值得感謝了吧？

光是活著就具備價值這件事，即是三木所說的幸福是一種存在的意思。事實上，單單只要看到孩子或孫子活著的模樣，周遭的大人就能感受到幸福了。

不過，是從什麼時候開始，父母就不再認為孩子只要活著便已經值得感謝了呢？如同前面所見，「好好地活著」當中的「好好地」意謂著「幸福地」。當今這個時代，有不少人認為生產力，也就是能做些什麼、做了些什麼，還有成功就是「好好地」活著與「幸福地」活著。然而這不過就只是一種看法而已。

年老是一種變化而不是退化

我們必須想想，究竟為何會將自己的價值置放在能夠做些什麼的標準去衡量，還有為何認為自己如果沒辦法做些什麼就不具價值。

阿德勒說，努力想讓自己變得比較優秀，是「追求卓越」。是與他人競爭，試圖表現得比較優越。

我之所以認為這是個問題，是因為阿德勒接著又說：

「所有人類的動機、對自身文化的種種貢獻，都源自於追求卓越。人類的生活全都依循這條軌道前進，也就是沿著由下往上、由負面到正向、由挫敗轉往勝利的軌跡去進行。」（《自卑與超越》）

當人類的生活是由「下」、「負面」與「挫敗」往「上」、「正向」與「勝利」去進行，活著是一種進化的時候，那麼試圖想要變得卓越的人，將變成是處於「下」、「負面」與「挫敗」的狀態。

舉例來說，因為生病而無法行動自如的人接受了復健，但是這個復健絕對不是為了要從挫敗轉往勝利的狀態而做吧？

也許有人認為，做復健讓身體回到原本可以活動的模樣，就是「從挫敗通往勝利的狀態」。不過要是做了復健也無法好轉的話，那麼這個人難道就變成一直處於挫敗的狀態中嗎？

相較於健康，生病並不是非得被視為挫敗不可的劣勢狀態。老化，也不是由正向往負向發展的退化現象。

可是一旦用了「追求卓越」這樣的說法，總會讓人有「上下」、「優劣」的印象，所以後來的阿德勒學說研究者莉蒂亞・吉哈，將此解釋為大家都走在同樣的平面上。有人走在前方，有人走在後面。但由於大家都走在同一個平面上，走在前方的人不會比較優越。

說一個我自己在醫院做復健的經歷。我在長廊上走著，其他人一個個都超過了我。雖然我是因為身體的關係只能慢慢走，但是之所以會用被趕過去這樣的說法，是因為相較於他人的步行狀況，心裡覺得自己只能慢慢走是遜色的。

阿德勒認為人生是朝向目標的行動，而且「活著就是在進化」。但是我認為，將這件事解釋為進化是有問題的。如果不是在進化，那又是什麼？其實是變化。**不論是健康的人生病了，還是病人做復健後有了好轉，既不是進化也不是退化，而是變化。**

年老，同樣是變化。即使年輕時做得到的事，因為年紀增長而無法再做，也只不過是一種變化。

即使試著解釋「我之前可以做得到，但是現在沒辦法」也於事無補，總之，只有去做現在能做的事。

阿德勒說：「重要的不是被賦予了什麼，而是如何去運用它。」（《人為何罹患精神官能症（暫譯）》）

另一方面，總認為自己年輕，什麼都做得到的想法也是個問題吧？做不到不代表低人一等，而是唯有如實接納眼前這個做不到的自己。

前面也稍微提到過，承認做不到並不是宣告失敗。如果再也沒辦法像過去那樣開車，就該把駕照繳回才對。這並不是挫敗。

活在當下

芬蘭作曲家西貝流士儘管在全世界享譽盛名，卻自一九二六年起不再創作，就此度過了三十年。據說直到他以九十一歲高齡辭世之前，每天透過高性能的短波收音機不斷收聽來自全世界的廣播，以找尋任何播放自己創作曲目的片段為樂趣。

很可能這並不是西貝流士緊抱著過去的光芒不放，就此度過漫長的餘生。我在聽到這段故事時所想到的是，他也許滿懷想念在回顧過去曾有的那段時光沒錯，但想必不是在褪盡光環的處境下依偎著悲戚的回憶過日子，不是為了非達成某些事才能獲得的成功，而是品味著存在即是幸福，感受著無所為也能幸福而安享晚年的每一天。

奧里略還曾經說過下面這段話：

「即使你可以活上三千年、或是三萬年，還是請你要記住；不論是誰，他所能失去的只有此刻正在活著的人生，而他所能度過的也只有眼前正在流逝的生命。」

因此，再長的壽命、再短的歲月，並無二致。此刻對所有人來說都是一樣長，所失去的也都一樣。就這樣，顯然我們所失去的就是那麼一瞬之間。因為我們無法丟失過去，也無法遺落未來。不在手中的東西，又如何能為人所奪呢？」（《沉思錄》）

不在手裡的，沒辦法失去。過去與未來，都無法掌握。

「每個人只能活在當下，也只會失去此刻。」

意思是不論能活多久，或是活不了多久，都不是問題所在。

「每個人只能活在當下這一瞬間。除此以外的時間，不是既成過往，就是不可測。」

過去「既成過往」，已經無處可尋。未來則尚未到來，或可說根本不存在。在誰也不知道的情況下，意味著「無法確定」。

「一切行動，都當成是此生最後一次去進行。」

「如同當下即可揮別這世上的人一樣，無論任何事，就去做、去說、去思考吧！」

無論是否已經退休，處於人生中任何階段都好，只能想著活在當下去過日子。年紀一大，再加上歷經性命攸關的病痛之後，心裡總有一些念頭掠過，像是今年也許是最後一次賞櫻了、又或者說不定是最後一次能夠與家人一起出遊等等。與其說是抱持著生命無常的觀點，我認為，奧里略所說的其實是要以積極的生活態度，盡情發揮活在當下。

之所以會回想過去而後悔，思慮未來而不安，是因為沒有盡情活在當下。如果可以盡情活在當下，就不會為了將來要面臨的年老與死亡而感到害怕。只要每天做著自己能做的事，一回神便已來到了遠處，換句話說，可能就是頤養天年，但是那也不過就是個結果而已。

有人會說這是享樂主義式的「活在當下」，因為連明天都不可知，只要快樂過完今天就行。其實並不是這樣的意思。我認為，如同本書至此所說明的，由於任何人都無法脫離他人而獨自存活，不論置身於何種狀況，都不能忘記與他人的羈絆。

人可以藉由工作（那些因為年紀或病痛而無法工作的人則藉由活在這世上）對他人有所貢獻。即使在與他人的牽絆中煩惱、受苦的人，應該也曾藉由這樣的羈絆感受過喜悅與幸福。

既然如此，自己也會想要對世上他人有所貢獻。雖然用留下些什麼的方式也可以，但是我認為，不必成為特別傑出的人也無所謂，只要想著或許哪一天有人會想起自己曾經在這世上走過一遭，也就行了。無須悲壯，也不必繃緊神經，就這麼過日子即可。

第 *6* 章

往後怎麼過日子？

逐步改變人際關係

最後，對於退休生活怎麼過才好，在此以前面所論述的觀點為基礎，為各位提出幾個具體的建議。

退休後，雖然過去在生活中佔有極大比重的工作與工作上的人際關係樣貌將有所改變，另外隨之而來的其他人際關係也會變得不同，但是，不要急於大幅改變所有事情才是明智之舉。

比方說，因為有多餘的時間，所以打算學學怎麼做菜是很好沒錯，但有時候會過於小題大作。

由於母親早逝，剩下父親與我共同生活，而我們兩個從來都沒做過菜。所以，一開始完全是外食。循著附近餐館吃了一陣子之後，漸漸覺得麻煩，也吃膩了。

有一天父親說：「總得有個人做飯才行。」話雖如此，他顯然並不打算當「那個人」。當時我還是個學生，父親白天都在工作。說是「有個人得去做」，事實上，擺明了除我以外也不會有其他人去做了。

可是直到母親過世前，我從來也沒做過一頓飯。對於父親所說的那句話，儘管心裡明白是「你來做！」的意思，還是不知道該從何做起、要怎麼做，於是我去了一趟書店，看到食譜就隨手買了幾本回家。

其中有一本書叫《男士的料理》，那可真是一點也派不上用場。因為我依照食譜很用心地按步驟做到最後，竟然寫著要連續燉煮兩天才行。

總之，當時我就是每天照著那本書開始做菜。有一天做咖哩飯的時候，食譜上寫著要用小火炒麵粉和洋蔥，我就照那樣炒了三個鐘頭，不敢讓它燒焦。

我認為，退休後一時興起想要做菜是好事，但是不必像我那樣每天做那些費功夫的菜。先以普通料理為目標才是正途。一開始就打算挑戰什麼特別的菜色，不得不說，看起來就好像小時候為得到父母的肯定而努力拚功課的孩子一樣。

由於長期以來在公司上班的人認為自己如果不做些什麼的話，就無法受他人肯定。當待在家裡的時間一變長，有人是氣力盡失，什麼也不做，有人則是衝過了頭。

似乎也有人會誤以為不過就是做個菜而已嘛，其實那是因為這些完全只在外工作，從沒做過家事的男士並不知道無論是煮菜還是料理家務，都是需要高度專業的工作。

功夫菜，當然要有專業知識和手藝，但是說真的，要在家人回來之後的十五分鐘之內上菜，難度才是高。

如果要在退休後學做菜，不是學那些費時費工的菜色，而是要學會如何在家人回來之後，利用冰箱裡現有的食材在十五分鐘內端上桌的技術。

其實在退休之前，不是只有做菜，就連所有家務都可以先開始做了。做家事不必等到退休之後。分擔家事的方法很簡單，能做的人在可允許的時間內去做就對了。

白天去上學的孩子，還有在公司上班的先生回到家的時候，做媽媽（太太）的可以對孩子和丈夫說：「現在你到家了，也可以做點家事。」也就是說，並不是因為白天在外面工作，就可以不用做家務或煮飯之類的事。

「家事是你的工作吧？」這樣回話的人，退休後要在家裡生存恐怕會有點困難。

你只能請對方不追究過去，選擇開始新的人生道路。

腳踏實地過日子

要說到男女雙方在關係的建立上有多大的差異，其實並沒有。真要說有哪裡不同的話，不是性別，而是生命風格的差異。關於面臨什麼樣的問題時如何去解決，自有一套從小就熟悉慣用的方法，即使長大成人之後也不太會改變。也有人不願意面對問題，試圖找出一些理由來逃避。甚至有些人是自己不處理，然後巧妙地操控他人代為解決。**類似這樣的問題處理模式，阿德勒稱之為生命風格。**

長大之後，即使對象不同，也採用和小時候一樣的模式去面對，是因為沒有勇氣去改變這套從小就熟悉慣用的生命風格。就算因此覺得不便或不自由，還是會因為要是改用與過去不同的模式，將無法預料下一瞬間會發生什麼事而感到不安，於是執著於一直以來的模式。

雖然不能一概而論，但一般認為男性與女性在思考與感受的方式上是有所差異。看起來，女性比男性更腳踏實地，較能進行扎根於生活中的思考。

有一位國語文（日文）學者，同時也是歌人的土岐善麿，曾創作下面這首短歌。

「你以為會贏嗎？老妻語帶寂寥。」（歌集《夏草》）這首作品是描寫一九四五年八月十五日他在家中發生的事。土岐在明治到大正年間是反戰的，但是進入昭和時期後，則以新聞記者身分轉為發表演說支持戰爭的態度。

期間，每天在家中廚房裡做飯的妻子，在消息來源受限的狀況下，對於當時的局勢卻有著與土岐不同且正確的認知。

哲學家鶴見俊輔是這麼說的：

「戰敗當晚，有很多男人連吃飯的力氣都沒了。但是有沒有做不了晚飯的女人呢？如同其他人，這些女人，還是把飯做好了。在這種靜默的態度之中，有著和平運動的基礎。」（〈以不想被殺為依據〉朝日新聞二〇〇三年三月二十四日）

女性藉由日常生活中糧食取得困難的現實面，確實預料到了戰爭的結果。

在此所要討論的雖然不是當時的那場戰爭，但藉此想要傳達的意思就是理論必須在生活裡扎根，必須務實、腳踏實地才行。否則這樣的理論完全無法在現實生活裡派上用場。

以我自己長期諮商的經驗來說，有些人可以具體地考量事物，有些則做不到。所謂的「具體」，就是將所有條件都納入考量的意思。

另一方面，「抽象」則是挑揀出有限的條件，以此為基礎去考量事物。能夠在這些條件之中將生存或生活納入考量的人，既可以務實地去思考，也不會把自己置放在安全範圍內，認為這些問題與自己毫不相干。

相對於此，不能腳踏實地的人在觸及某些想法時，不會去思考這些事與自己的生活方式或生活是如何有所關聯。他們擅長的是「這本書某一部分所寫的與另一部分豈不是互相矛盾嗎？」這類理論上的思考。

演講的時候，會提出這樣問題的人很多。例如問一些像是要賣弄自己知識的問題，或是明顯要貶損人家「連這個都不懂？」之類的難題。

這種人，是要與演講者進入競爭關係，進行權力鬥爭。也就是當自己的提問沒有獲得解答時，就藉由「你連這個都不懂？」來貶低講者，同時試圖提升自己的價值，希望旁人認為自己比較有價值。可是這樣的事，本該與這場演講毫無任何關係。

像這樣進入權力鬥爭，執著於理論的人，即使學了哲學也只會當成一般的知識，而不會用來改變自己的生活方式。

然而事實是不僅限於哲學，不論學習了任何事，自己的生活方式應該或多或少都會有一些改變。可以說，只有那些不是作為理論而是當成自己的問題去思考的人，才算是讀了書、真正聽懂人家在說些什麼。

人際關係的建立方式也一樣，類似習得某些知識的方法。在職場裡，即使與他人沒有深交，也不會因此就做不了事。

但是獲得了知識，生活方式也將隨之改變。如果是刻意要與自己的生活方式做切割，持有這種格格不入的想法，知識這種東西固然可以用理解的方式去習得，但是這樣的理解實在不太具有意義。人際關係也一樣，不是只做表面功夫。由於交友關係，甚至是愛的關係中，都必須與他人有更深一層的羈絆，對於這樣的關係建立不習慣的人，退休之後，想必一開始會感到相當迷惘困惑吧。

退休後的閱讀

讀了一些關於退休的書，發現其中會建議人家閱讀的竟然出乎意料地少，令我感到驚訝。

就算是年輕時只為了通過考試或檢定而讀書的人，退休後，還是可以用一種全然不同的方式去閱讀。既沒有非讀不可的書，也不必為了盡快知道書中內容去速讀。不論哪種書，只要讀的時候感覺開心就好。

退休後，有人會說時間太多很無聊，如果看看書，至少可以確定不會無聊。現實生活再怎麼苦，讀點書，其中就有個與現實不同的世界在等著你。讓你忘記苦悶，心情變得愉悅。這並不是逃避現實，因為閱讀的「當下」也活在現實生活中。

聽到年輕人問說：「沒什麼有趣的事嗎？」我心頭一震。這種人，正是我想要告訴他：「有書可以讀唷！」的對象。如果不是我自己也覺得閱讀有意思的話，是沒辦法建議人家這麼去做的。

閱讀之中有著改變人生的力量。即使一開始只是為打發時間而讀的人，多少體驗到一點點閱讀的樂趣之後，每天的時間就會過得不太一樣。

年輕時不太閱讀的人，或就算會讀也只讀那些實用性書籍的人，可以先從有趣的書讀起，可能的話，挑戰一下經典名著也不錯。

有人認為，過了五十歲，智力就不發達了。其實並沒有這回事。都讀一些看了就懂的書可能還好，如果讀到無法馬上理解的書，可能就會想說自己的智力是不是衰退了。不過那樣的書，就算當年還年輕的時候應該也沒那麼容易讀得懂。

儘管如此，只要花時間慢慢去讀，相信你會發現比年輕時更能深入了解書中的內容。而且讀著讀著，說不定比起現實生活裡會遇到的人來說，對書中人物或作者更有親切感。

我出門的時候一定會帶書。與人有約的時候，如果對方遲到了我就可以看書等他。由於經常是書中人物比即將會面的人有趣得多，幾乎讓我忘了與人有約這回事。

前一章談到過有關孤獨這回事，其實懂得閱讀樂趣的人，完全不會討厭自己獨處的時刻。

開始新事物

二〇一三年出版的《被討厭的勇氣》在韓國也出版後，到韓國演講的機會增加了。於是我想要學韓文，希望在演講的時候不只是寒暄，而是可以多說點什麼。

所以我跟韓國人老師先從初級文法學起，之後開始讀韓文書。歐美地區的語言因為從年輕的時候就開始學，所以不太會犯什麼初級的錯誤，但是頭一次學的韓文就不一樣了。**問題不在於犯錯，而是害怕犯錯。阿德勒用的是「不完美的勇氣」這個說法，我們必須具備這樣的勇氣。**

過去我在奈良女子大學教希臘文的時候，曾經有位學生不願意回答問題。當時我只是要他把練習題裡的希臘文翻譯成日文而已，問他為什麼不回答，他說是不想因為答錯了而被老師認為是沒有能力的學生。可是我如果不知道學生哪裡不懂的話就沒辦法教下去，所以我答應他，就算答錯了也不會認為他是沒有能力的學生。總算下一堂課開始，他可以答錯了也毫不在意，並且因為這樣漸漸累積了實力。我發現到，開始學韓文的我也跟這個學生一樣。

年輕時，有許多機會接受他人指正自己沒做到的事，一旦上了年紀，被指出錯誤的狀況就變少了。其實我認為不只是學語言，學習任何新事物時，有機會接受年輕人指正，對於我們不要變得驕傲自滿是很重要的。

學習新的語言時，不要想著必須將這樣的知識活用在工作上。一旦體驗過那種即使一段文字也好，能夠用原文讀懂的喜悅之後，學習就不再是義務，求得新知將變得無比快樂。與閱讀一樣，一旦開始學習到忘記時間的存在，每天都可以過得很充實，大概不會再有無聊的時候，有多餘的時間反而覺得很慶幸。

很多人原本就什麼也不做，然後又推說到了這個年紀，記憶力會衰退，更是什麼也不打算學。說真的，如果能像學生時代那樣認真去學，大多數事情都能學到相當的程度。

以記憶力衰退為藉口而不學習，是因為害怕得不到好結果。做不到的話，就坦然接納這個做不到的自己，以此為出發點開始去做就好。

關於閱讀這件事也一樣。就算記憶力真的會衰退，但是閱讀方式卻可以和年輕時不同。即使是練習題裡摘錄的經典名著的一小節，從中可以理解意會的東西就會與年輕時不同。

我所教的班級裡，曾有較年長的學分班學生來旁聽。教希臘文的那當時，我還年輕，與比我年長的人共同學習，獲益良多。這些學生四月的時候才開始學習字母，到了秋天就已經可以閱讀柏拉圖的《蘇格拉底的申辯》。柏拉圖這篇作品應該不是為了初學者而寫，即使不是初學者，也不是那麼容易可以讀得懂，年長的學生卻讓我學習到如何更深入地解讀這篇作品。

雖然我們不會因為年紀的增長而變聰明，但如果有機會與年輕人共學，希望可以對他們有所貢獻。

這裡談到了關於學習新事物的想法，進一步來說要「從什麼也不做開始去做」。年輕時學習新事物可能會先考量是否有用處，或因為有義務「非學不可」才去做。所謂的「從什麼也不做開始去做」，意思是不要考慮有沒有用、還有義務的問題，如果有想學的東西就開始去學。

德國詩人里爾克（Rainer Maria Rilke）建議將自己的詩作寄來請求評論的法蘭

茲・卡布斯（Franz Xaver Kappus），今後不要再做這種請人評論詩作的事了。並且提醒卡布斯，只要覺得「非寫不可」的話，就該將它寫下。自己寫了詩，就會在意人家有何評論。將詩作投稿到出版社，被拿來與他人的詩作評比一番，或擔心被編輯退稿等等，心裡會感到不安吧？

里爾克所說的「非寫不可」，用德文來說是Ich muss schreiben，雖然也可以譯為I must write（我必須要寫），但絕不是因為有義務要寫，而是一種發自內心的動力催促自己去寫。

不論是退休後要學些什麼新事物，還是年輕時已經學過的東西要從頭來過，只要擺脫有無用處和義務上的考量，便能感覺到每一天過得很不一樣。

前面所談到的閱讀，也是一樣的道理。一個人能夠達到非讀不可的境界，相信絕不會認為人生很無趣才對。

協助他人擁有貢獻感

假使學習新事物遭遇了困難，也不必感到悲觀。

我父親曾經帶著個人電腦來找我學習操作方法。如果是現在，個人電腦或筆電的操作更簡便，可是當時的電腦並不好學。不過對於挑戰新事物的父親，我還是希望可以助他一臂之力。

有一句拉丁文說：「教學相長（Dum docent discunt）。」就是藉由教的過程也學到一些東西。如果在當下被問到自己不懂的部分，查明後下次再教對方就行了。總之，為了教人家，自己必須要先學會。

此外，**藉由教人可以擁有貢獻感**。為學習電腦操作而來到我家的父親，可以說他對於使我擁有貢獻感這件事有所貢獻。如此想來，我認為應該要毫不猶豫地多讓年輕人教我們一些東西。

只是說歸說，受教的一方不可以認為人家理所當然要教你。如果因為聽不太懂就發脾氣，或是抱怨對方教得不好的話，下次人家可能就不願意再教了。

再者，父母當然也會有一些東西是可以教給孩子的，但是要注意，別變成像在說教或自吹自擂的狀況。在孩子沒有要求你給些意見之前，什麼也別說，頂多就是單方面說些自己的看法就行。

平時就要先讓他知道：「如果有什麼我可以幫忙的，希望你說出來。」原則上就是他沒有提出請求之前，不主動給予任何意見。

雖然並不是他找你商量，你就一定有辦法答覆他，但是我認為，讓他看到你與他並肩作戰的態度應該已經十分足夠。或者也可以說說自己在同樣狀況下的經歷。總之，在解決方法上給予提示，但最終做決定的還是孩子自己，不必因為他沒有採用你的建議就發怒，甚至責怪他既然如此何必來找你商量。

提起父親的事，我突然有個念頭。說不定，父親是覺得如果沒有以學習電腦操作為藉口，就不能到我家來。之所以會認為探望孩子需要什麼特別的理由，想必是受到從年輕時就根深蒂固的觀念影響，認為個人的價值取決於生產力。

如果想見家人，去探望就是了，根本不需要任何理由。生病住院的時候，因為看似無聊而來探病的人，你應該不會想要跟他當朋友吧？但如果是因為擔心而急忙趕來的人，就會讓人想要結為至交。

只是想見見孩子或孫子女，或是以孩子的立場來說，想要見見父母親的時候，就去探望他們便是。萬一遭到嫌棄（應該不會有這種事才對），立刻回家不就得了。

今天就只為今天這個日子而度過

關於退休這件事，我們進行了各種層面的思考。**歸根究柢，有關於退休的思考，其實就是對人生的思考。**退休，的確有它獨特的問題存在。儘管人生中的其他階段，也有我們必須正面迎擊的重大問題，但是相較於我們在其他階段會覺得自己剩餘的人生還很長來說，退休之後，很難避免不去想到未來的日子有限。

不過，正如同我們前面所說，年輕時也好、退休後也罷，我們的人生都只能活在當下。總而言之，早晨一覺醒來，今天就只為今天這個日子而度過。我們能做的，如此而已。

此外，**個人的價值不在於生產力，而是活在這個世上**。我看著現在一歲的孫女，會覺得她活在這世上已經值得感謝。即使是現在身為大人的我們，也曾經有過那樣的日子，不必特別做些什麼事，就有人為我們活在這世上而感到慶幸。應該不會為了想起過去而後悔，也不會因為思慮未來而不安。

沒有後悔與不安，真心誠意活在今天這個日子裡。這就是我們現在能做的事。

參考文獻

Adler,Alfred, *Adler Speaks: The Lectures of Alfred Adler*, Stone, Mark and Drescher, Karen eds., iUniverse, Inc., 2004.

Burnet, J.ed., *Platonis Opera, 5 vols.*, Oxford University Press, 1899-1906.

Rilke, Rainer Maria, *Briefe an einem jungen Dichter*, Insel Verlag, 1975.

Ross, W.D.(rec.),*Aristotle's Metaphysics*, Oxford University Press, 1948.

阿爾弗雷德・阿德勒《人生の意味の心理学（上）（*What Life Should Mean to You*）》岸見一郎譯、アルテ、二〇一〇年、中譯《自卑與超越》

阿爾弗雷德・阿德勒《個人心理学講義　生きることの科学（*The Science of Living*）》岸見一郎譯、アルテ、二〇一二年、中譯《自卑與生活》

阿爾弗雷德・阿德勒《人生の意味の心理学（下）（*What Life Should Mean to You*）》岸見一郎譯、アルテ、二〇一〇年、中譯《自卑與超越》

阿爾弗雷德・阿德勒《人はなぜ神経症になるのか（*Problems of Neurosis*）》岸見一郎譯、アルテ、二〇一四年、《人為何罹患精神官能症（暫譯）》

岡潔《春宵十話》KADOKAWA、二〇一四年、中譯簡體版《春夜十話：數學與情緒》
岸見一郎《アドラーに学ぶ よく生きるために働くということ》KKベストセラーズ、二〇一六年、中譯《向阿德勒學習：為活得更好而工作》
岸見一郎《シリーズ世界の思想　プラト　ソクラテスの弁明》KADOKAWA、二〇一八年、《世界思想系列：柏拉圖　蘇格拉底的申辯（暫譯）》
岸見一郎《本をどう読むか》ポプラ社、二〇一九年、《如何讀書（暫譯）》
岸見一郎《100分de名著　マルクス・アウレリウス『自省録』》二〇一九年、《１００分鐘名著　馬可・奧里略〈沉思錄〉（暫譯）》
岸見一郎、古賀史健《嫌われる勇気》ダイヤモンド社、二〇一三年、中譯《被討厭的勇氣：自我啟發之父「阿德勒」的教導》
岸見一郎、古賀史健《幸せになる勇気》ダイヤモンド社、二〇一六年、中譯《被討厭的勇氣：二部曲完結篇》
索福克勒斯《オイディプス王》藤澤令夫譯、岩波書店、一九六七年、中譯《伊底帕斯王》
多田富雄《寡黙な巨人》集英社、二〇〇七年、《沉默的巨人（暫譯）》
辻邦生《薔薇の沈黙　リルケ論の試み》筑摩書房、二〇〇〇年、《薔薇的沉默　試論里爾克（暫譯）》

希羅多德《歷史（上）》松平千秋譯、岩波書店、一九七一年、中譯《歷史》
三木清《人生論ノート》新潮社、一九七八年、KADOKAWA、二〇一七年《人生論筆記（暫譯）》
森有正《いかに生きるか》講談社、一九七六年、《怎樣活著？（暫譯）》

最高退休人生

定年をどう生きるか

阿德勒指引我們
幸福度過人生後半段

最高退休人生/岸見一郎作；葉小燕譯. -- 初版. --
臺北市：春天出版國際文化有限公司, 2021.09
面；公分. -- (Better；28)
譯自：定年をどう生きるか
ISBN 978-957-741-345-1(平裝)

1.退休 2.生活指導

544.83 110006933

Better 28

作　　者◎岸見一郎
譯　　者◎葉小燕
總 編 輯◎莊宜勳
主　　編◎鍾靈
出 版 者◎春天出版國際文化有限公司
地　　址◎台北市大安區忠孝東路4段303號4樓之1
電　　話◎02-7733-4070
傳　　真◎02-7733-4069
E－mail◎frank.spring@msa.hinet.net
網　　址◎http://www.bookspring.com.tw
部 落 格◎http://blog.pixnet.net/bookspring
郵政帳號◎19705538
戶　　名◎春天出版國際文化有限公司
法律顧問◎蕭顯忠律師事務所
出版日期◎二〇二一年九月初版
定　　價◎299元

總 經 銷◎楨德圖書事業有限公司
地　　址◎新北市新店區中興路2段196號8樓
電　　話◎02-8919-3186
傳　　真◎02-8914-5524
香港總代理◎一代匯集
地　　址◎九龍旺角塘尾道64號 龍駒企業大廈10 B&D室
電　　話◎852-2783-8102
傳　　真◎852-2396-0050

ISBN 978-957-741-345-1